Keys to Ascension on the Earth.

地球でアセンションできる条件

シルバーあさみ
Silver Asami

知道出版

はじめに
アセンションとは何か？

地球でアセンションするとは一体、どういうことでしょうか？

「アセンション」とは「次元上昇」という意味であります。惑星・地球の次元が上昇していることによって、人類が地球と共に次元上昇できるかどうかということです。

惑星・地球のアセンションと、地球上の生命体（人類）のアセンションが問われる究極の時代です。

現在、地球は次元上昇しています。地球は２０１２年以降、アセンションする惑星と決定しました。

すると、人類、または各個人（魂）が、宇宙と繋がり、地球にグラウディングできるのかどうかということが「アセンション」という意味です。別の言い方で表現すると、地球に地球生命体として生息できるかどうかです。

この地球は青くて美しく神秘です。そして、人間には、肉体があり、男と女がいて、生と死がある魂の修行場です。

地球に存在する意味と、地球に生まれてきた目的は霊性進化であることを捉えながら、生き抜くことが必要です。

地球の新時代に向けて、天と地が繋がる肉体である魂（個人）は、地球でアセンションができる次元レベルです。


「地球でアセンションできる条件」は、各項目に分けて、脳内思考の改革をしながら、天地を習得して頂きたく執筆をしました。

気づきの波が起きはじめているが故のさまざまな憶測や自己解釈も多い中、真実の指針として、アセンションのバイブル本としても、丁寧に理解して「地球でアセンションできる条件」を実践していくことで、人生が輝き、地球に生まれてきた目的に到達するでしょう。

それが、著者シルバーあさみの本意の使命です。人間を超える境地を味わいながら、自他共に地球でアセンションしていきましょう。


「地球に生まれてきて良かった」

「地球に生まれてこれてありがとう」
地球でこの声々が増えることは、
空、海、山、川、木、土の浄化に繋がり、自然界も喜びます。

この書籍を繰り返し読む間に、世界も日本も劇的に変革することでしょう。だからこそ、地球で「命ありがとう」と感じられる瞬間こそ、「地球でアセンションできる条件」を満たす魂レベルの一個人の波動が上がることとなり、真の豊かさを受け取れる結果にもなります。

シルバーあさみ

地球でアセンションできる条件★もくじ

☆もくじ☆

地球でアセンションできる条件

シルバーあさみ

☆第 1 章☆
チャクラ（心と体）

最初に「チャクラ」について解説します。

「チャクラ」とは「心と体の管理エネルギー」のことです。

人間の全身には7箇所のチャクラがあります。

7チャクラの各箇所のポイントは覚えてください。覚えることで、心と体が一致していくことでしょう。

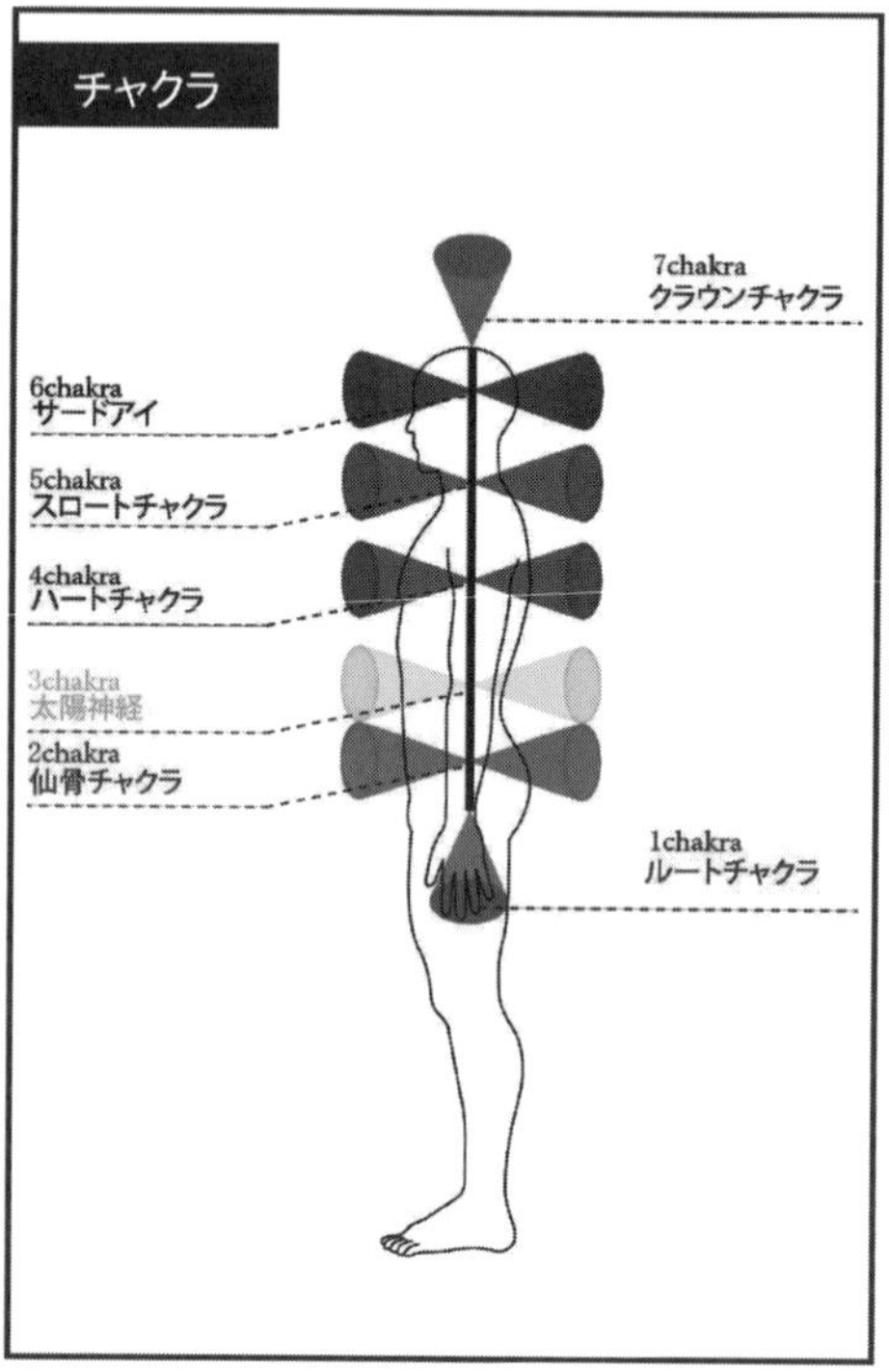

7チャクラ

1：ベースチャクラ
2：仙骨のチャクラ
3：太陽神経叢チャクラ
4：ハートチャクラ
5：スロートチャクラ
6：サードアイチャクラ
7：クラウンチャクラ

チャクラにエゴや曇りが少ないと、心身が健全な状態を保持できます。7チャクラという見えない体の大事なエネルギー部分を「見える化」しているのが「体」です。

7チャクラの各スポットと、「体」の見える部分は同一です。ということは、チャクラをクリアにしてしまうと、肉体が楽に健全になります。また予防緩和も可能です。

7チャクラをメンテナンスすることで身体《しんたい》が健全になります。

仮にどこかの箇所のチャクラが閉じると、その箇所（臓器）は機能不全となります。それはなぜかというと、7箇所のチャクラに潜む過去輪廻転生、3世代のカルマ、魂が輝きにくい起因があり、体に現象が起こるからです。

よって、事前に気づき、エゴを発見して認識してリリースする、消滅させることが必要です。7チャクラは目に見えないようで「目に見える」身体面に具象化するのが地球上の人間の避けられない肉体面の現象です。

ここで問題は、**地球上で肉体がアセンションできるか否かの問題にあります。**一般的な人は悪意も悪事もない真面目な人たちが多いですが、潜んだ意識に消滅させなくてはならないエゴはチャクラに複数個あります。

各チャクラにエゴや曇りが少ないと、心身が健全な状態を保持できます。7チャクラという見えない部分を「見える化」しているのが肉体ですから、各チャクラをクリアにすると、肉体が爽快で健全になるでしょう。

また、体面に「気づき」をもつことで予防緩和も可能です。早めに7チャクラを改善していきませんか?

「チャクラ」とは、サンスクリット語で「車輪」を表します。人間の生命や肉体、精神の働きを維持しているエネルギー(氣)の出入り口です。肉体の全面と背面にそれぞれラッパ上に広がっていて、(ネガティブに悩み過ぎていると開花していない)、前のチャクラと後ろのチャクラの間にはボルテックス(渦の橋)があります。気づきがあると、橋が通ります。そのボルテックスを見える化すると、ちょうど肉体の臓器がある場所です。これで「気づき」の重要性がわかるかと思います。

7チャクラを意識して生活する、仕事する、運動すると、開花が始まります。人間ですから、時には「エゴ」もありますが、「1日3回の気づき」があると「エゴ」も発見しやすくなります。7チャクラが開花する重要性を楽しみながら生活や仕事に取り入れられることで体面が健全になっていきます。より健康的になりたい方、若々しく過ごしたい方、自分で自分をクリアにできる浄化力もつくことでしょう。

7チャクラを浄化し開花させるためには、**①7チャクラの場所を覚える　②各チャクラの名称を覚える　③各チャクラの効用を知る　④自分のチャクラの強いところ、弱いところを認識する　⑤顕在的にも整える　⑥潜在意識のエゴを消滅させる（専門家の力が必要）　⑦エゴのない人生を送ることを1日1日心がける、**ということです。

身体面の後ろにあるチャクラは、過去輪廻転生のチャクラです。過去世で未解消だった情報が詰まっています。カルマのパターンが多い過去世をもっている場合は、背面のチャクラは暗くてあまり開いていません。すると肉体の背面側に損傷が起きやすいですから、今日から背中を意識して生活してください。専門家の力も借りましょう。チャクラに気づけないと、人生が苛酷になりやすいです。

では、**7チャクラが開花すると何に効果的なのか**というと、第1チャクラ…お金、家、経済が順調。
第2チャクラ…男女間、パートナーシップが良好。
第3チャクラ…人間関係が良好、社会における仕事が順調。
第4チャクラ…自己受容と他者受容ができる、愛と調和に満たされる。
第5チャクラ…ありのままの発言、プレゼン能力。
第6チャクラ…決断力、直感力、心眼、透視力。
第7チャクラ…ハイヤーセルフ、宇宙、アカシックレコードとの繋がりが可能。
だということです。

逆にチャクラが滞っていると、各チャクラの効果と逆の現象が起きています。第一チャクラが不健全で暗いと、お金、家、経済に不安定、行き詰まる、ということです。他もしかりです。

大事な知恵として、**7チャクラ＝心と体の管理エネルギーだと覚えることです。**
7チャクラを開花せずして、地球でアセンションはできにくいということです。

地球でアセンションできる「肉体」の条件とは、「7チャクラの開花」です。

そして、地球にグラウディングするために、宇宙と繋がり、大地と繋がることが望ましいですが、その時に、チャクラの中に、ゴミ（エゴ）があると五臓六腑にブロックが入っているので天地と繋がりにくいです。

7チャクラを開花しなくてはアセンションできない極意です。

日々の自己訓練も必要です。何度もネガティブを繰り返すのは、幼少期の体験が身体のチャクラに塵《ちり》と積もってエゴとなっているからなので、その因果関係を本人が「認識する」までエゴは消滅しない訳です。まずは、「眼の前の出来事は自分の魂の磨きのために起きている」と「気づき」をもつことで、人生が「天と地の差」となります。

7チャクラの中央にボルテックス（気道）があります。気づきがあると、気道が通ります。気づき度が高くなると心も体も爽快な1日が過ごせるはずです。無限の可能性を開くためには、自分を否定したり責めたり足りないというエゴは、クラウンチャクラのブロックになります。とにかく、「魂の磨き」であると、全てに対して言い聞かせることが自己訓練です。

そして、7チャクラが開花したら、体内の尾骨や仙骨や、頭の松果体の経絡ポイントを銀河の高次元エネルギーを受け取れるようにしなくてはなりません。7チャクラからエゴを発見して極少にしていくのみです。**チャクラを甘く見てはなりません**。身体にある7つのチャクラからエゴの因を発見して消滅させることの重要性です。

第1〜3チャクラは、地（アースエネルギー）と関係し、第4〜7チャクラは、宇宙（コズミックエネルギー）と関係しています。ハートチャクラは、1〜3と5〜7を繋ぐ重要なチャクラである箇所は「愛と受容」です。顕在的には生きる姿勢をよくして自分も相手も認めていく実践が必要です。

悩みがゼロポイントの方々は、7チャクラが全開花していて真の健康体ということです。細胞が輝き、血液がサラサラで内臓が若返る状態であり、肉体に感謝ができる状態です。それでも7チャクラの直径を意識して瞑想を行うことはお勧めします。

また、瞬間瞬間の秒速の見直しをして瞬時に現実と潜んだ意識の因を消滅させることで朝顔のようなラッパの開花が大輪となります。身体が13次元になると、チャクラが黄金色になります。それまでの各ポイントは虹色であります。これは実際に、ダイヤモンドを磨き太陽の光がさすと美しい虹色になるのと同じで、私たち人間も魂を磨き切磋琢磨して人間修行をしている途中のチャクラは虹色です。誠に地球で肉体があるからこそ魂を磨ける所以です。

地球の次元上昇に伴い、潜んだ意識が体面の現象として現れる人たちが増えるということは、この「チャクラの重要性」に気づいていないからです。心と体の管理エネルギーを整えることが身体が健全になることを、ぜひ大事な方々に伝えてください。

＊（注意）医師などの専門家に通院している場合の相手には伝えない倫理感を守る。

地球のアセンションとは、「**肉体を超えて次元上昇する**」ことです。人間の肉体に7チャクラがある真の意味とは、地球生命体の7チャクラが他者と宇宙と地球と影響し合っているということです。よって、人間の身体の管理エネルギーの7チャクラを健全にすることは、自分の肉体を健全にするのみならず、他者貢献にもなるのが真理です。よって、「地球でアセンションできる条件」のための条件の1つに「チャクラ」を丁寧に説明しました。7チャクラにエゴ（古い価値感、固定観念）が少ないと心身が健全な状態を保持でき次元上昇が可能です。肉体の7チャクラから生活を改善していくと、人生が爽快に健全になるということであり、地球でアセンションできる重要な1つの条件です。

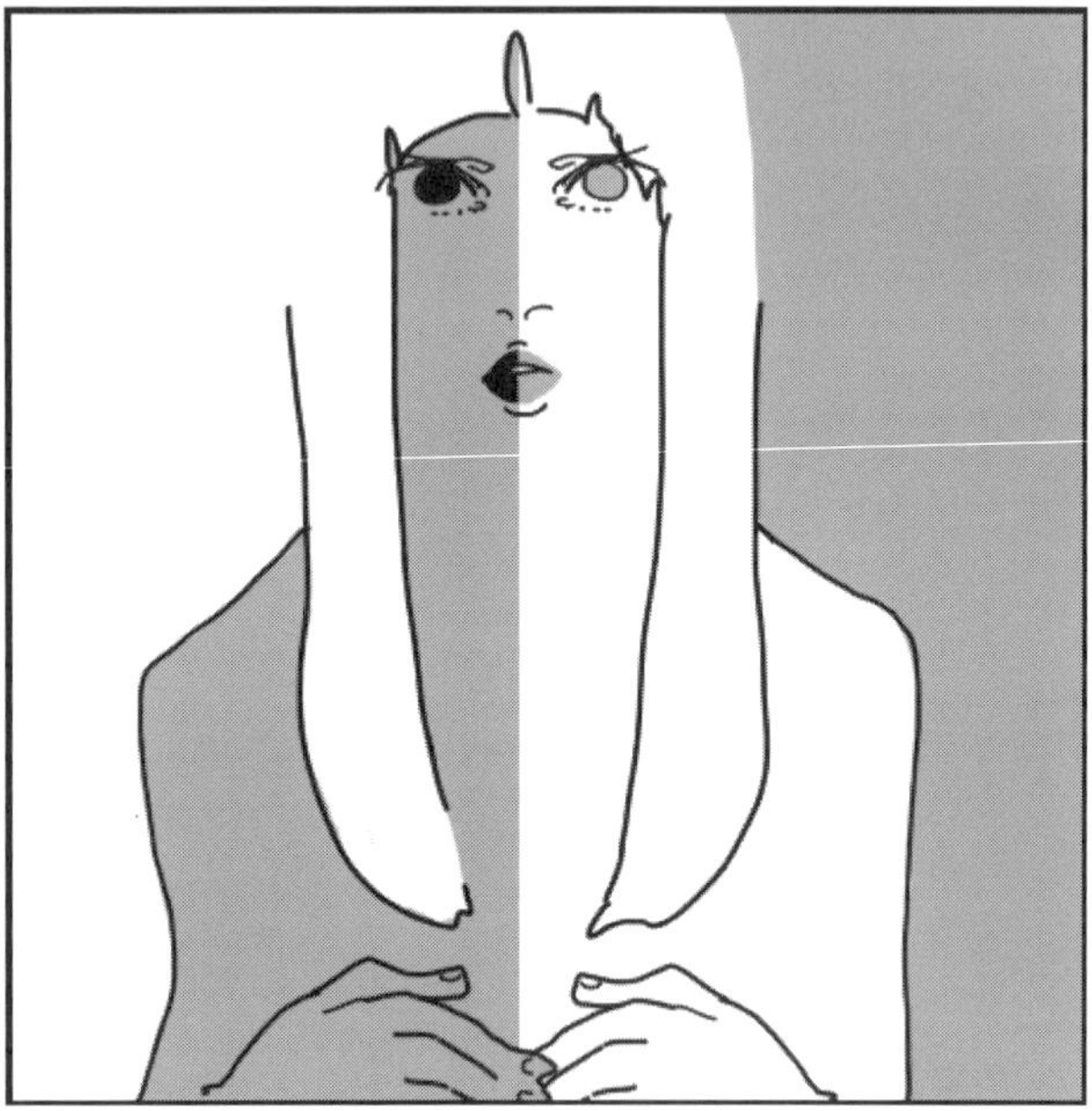

☆第2章☆

適切なる境界線

1 「境界線」とは何か？

「境界線」とは「人と人が魂を磨き合うために必要なライン」です。


「人は人との間で磨かれる」

「人は人と支え合って生きている」

「人と人の間で学び人間力を磨いていく事が大事」


「境界線」とは「自分のエゴを発見するために必要なライン」です。


人間には「エゴ」があります。「エゴ」とは気づく必要がある事を教えてくれています。人間関係で悩みやトラブルがあるのならば、必ずご自身に「エゴ」があります。

「エゴ」が全く無ければ、全ては順調にうまくいくのが宇宙の真理だからです。

人間関係を円滑にするためにとても重要な「境界線」の捉え方です。

「境界線」が崩れていると他人に対し「期待」や「要求」の感情が出てしまいます。

「期待」や「要求」があると人間関係が「依存」となり不調和を起こしやすいです。

「境界線」の整え方は、誰に対しても尊重心を持って接することです。

「この現実に必要なことは何か？」「目の前にいる人と何を話すのがいいのか？」と常に自分の体験の現場や相手に対して「尊重」を基礎に1日3回の気づきが必要です。

「無駄なこと」を「話さない」「聞かない」という「境界線」も秘訣であります。

この実践を1日1日、3か月間以上、継続して生活すると「境界線」は整ってきます。


「境界線」を真に理解し捉える事で「依存」から卒業し「自立」の扉を開けましょう。


真に「自立」すると、自分を認められて、他人を尊重する「愛と調和の人」となっていくことでしょう。

そして、あなたの前に、3現象®で悩みを抱えている「負の連鎖」から抜け出せない人が現れたのならば、「愛と調和」で自立しているあなたが「気づき」の「言霊」

を「境界線」をもって相手に伝えることで「負の連鎖」が「愛と調和の幸せの連鎖」へと軌道修正されます。「自他共に幸せ」な世界への近道です。

「幸福」とは、

「自他共に幸せとなるため自分を磨けること」

「地球を愛の星にするため意識を高め合える人や場所があること」

なのではないでしょうか。

人生で「幸福」を実現化するためには、
己《おのれ》の「エゴ」を無くして「7チャクラ」を開花させることが人生に大切です。
7チャクラを開花させるために「境界線」を真に理解し捉えることです。

「境界線」とは、

「愛と調和のライン」

「社会の中で人と人が磨き合うために必要なライン」

「自分のエゴを発見するために必要なライン」のことです。

「境界線」は1日にしてならず。

「境界線」が整った状態となるため1日1日一瞬一瞬の実践の積み重ねが必要です。

人生の困難な壁や悩みは己に「エゴ」があるから、あなたの目の前にあります。

例えば、「お金」についての「境界線」を捉えることで、金銭が円滑になっていく幸運をつかむことが可能です。

お金とは自己価値のエネルギーです。

人にエネルギーを与え、自分にエネルギーが戻る。このお金の真理を理解することが重要です。

お金が「プラス」な人達は、思考や考え方にゆとりがあり「境界線」が整い気づき度が高いです。

お金を「プラス」にするためには、「境界線」を捉えて「お金」に関わる己のエゴに気づきましょう。エゴを消滅させると、心身や思考回路、生活全般がシンプルでクリアになることでしょう。

自己価値が高ければ、公私において金銭面に「プラス」となる現実が目の前に現れます。金銭面が「プラス」なあなたは、人の貴重な時間を大切にし、人を尊重し、愛と調和の人間となります。

お金を豊かに受け取れる連鎖が起きるということは、**「お金」・「時間」・「境界線」が一致します**。

次に、体面についての「境界線」です。

「境界線」が整うと自分自身に起きる全ての出来事が、自分を成長させるために「必然」に起きていると理解が出来ます。

体面に不調が出た時、「流行っているから風邪をひいた」「重いものを持ったからギックリ腰になった」と身体の不調の原因を「何か」や「環境」のせいにしているのは体面の「境界線」が乱れはじめています。身体に不調があるのは、潜んだ意識にエゴがあるからです。エゴに気づかないと、不調は続くでしょう。

不調の原因であるエゴに気づくためには「境界線」が必要です。

体面の不調が出る前であれば、まず、今健康で元気に動ける体に感謝をしよう。

相手の相談の悩みばかりを聞いてしまい、体が疲れるのは「境界線」が整っていないし、人の要望を受けすぎて疲労困憊《こんぱい》していると身体エネルギーが消耗し、肉体を痛めます。「境界線」を整え、淡々と仕事や家事をすることが「生き方」の土台が安定する秘訣です。

「体」を健全にするためには「境界線」を真に理解し捉える事が重要であること。

「境界線」を習得し、「エゴ」が無い状態になること。そして、誰に対しても尊重心を持ち、「愛と調和の人」となることで、目の前の現実は変わり「爽快な人生」に「シフトチェンジ」していくでしょう。

己の人生が「爽快な人生」となる事で、真の「幸福」を体験出来るでしょう。

※3現象®＝お金、体、人間関係

＊＊＊＊＊　＊＊＊＊＊　＊＊＊＊＊

「境界線」の基礎（シルバー理論）

①あなたがただ心美しく存在すること。「境界線」は言葉、思考、人間力が向上するライン。「境界線」が整うと、言葉、生き方、姿勢も整う。

②人を尊重する「境界線」、愛と信頼だけを通す「境界線」、言葉に尊重心があるかどうかで「境界線」が整っているか否かよくわかる。

③「境界線」とは相手の話や立場に入りすぎない、しかし相手から距離をひきすぎない、適正なラインが「境界線」であり、要求しない。

④「境界線」と「人間力」は一致する。相手を尊重できるのか、「境界線」と「人間力」と「収入面」のオフィシャルラインは一致する。

⑤青年たちの輝く未来のために大人ができることは、母親の目覚めと「境界線」の習得。家庭内の不都合は「境界線」のずれでしかない。

⑥人は様々な体験から「境界線」を学び、信頼関係を構築する。人は人と魂を磨き合いながら依存と自立を繰り返して成長していること。

⑦「境界線」を大切にするという心構えは、人生の柱となり、相手に誠意を持って接する、相手を大切に思うための距離感を保つことだ。

⑧身近な人間関係にはエゴが発生する。職場、自宅の人間関係で「境界線」(ライン)があると感じながら３６５日を過ごしていくこと。
言葉と行動を整えて、日常の行動も口から発信する言葉もポジティブであること、家族にも、職場でも言葉を丁寧に誠実に生きること。

⑨インターネットの「境界線」とは、実際に、リアルでもきちんと言えることのみを書くことが基本。低次元のメール内容に返信しないこと、相手のタイミングや時間を考えてメールを出すこと。丁寧語、標準語で書くことが相手に対して「境界線」のあるメールの活用方法です

⑩不都合は「境界線」のライン設定のミスです。「人は人と磨かれている」大前提の

元、ちょうど見る現象と接する人達から教わっている、いろいろな次元の人が混在する街の中で、「挨拶とありがとう」を自分から言わずして人に気づきは促せないので自分が生き方の見本となる。

このように「境界線」とは、言葉、思考、人間力、倫理観が向上するラインであり、心美しくありのままでいることの極みは「境界線」を意識してすごすことから幸運が訪れます。

「境界線」とは踏み込んではならない、尊重心のラインであるから、その中で人間関係を磨き合っていく極意です。「境界線」を意識すると中立的な思考、客観的な心眼になり、目の前の人は魂の磨きであるという適正な「境界線」が整います。この「境界線」は人間修行の実体験をしないと整わないので、失敗を恐れず、いろいろな人と接してみることです。

「境界線」の日々の経験により愛と尊重と信頼関係が適切なラインを習得できます。そして「境界線」を知っていると、言葉の使い方、生きる姿勢、人生の円滑度も全く違ってきます。

お互いの気づきの為に目覚め、悟り、「境界線」をしっかり持つことです。そして、ぜひ自分が気づき人生が好転したら人生に悩み人を責めている人に「境界線」をもち、教えてあげること。

真の「境界線」は、相手に尊重心があるので相手に伝わります。そして、それを誰にも何にも求めないのが「境界線」である。宇宙はあなたの行為を見ている。幸運はその結果です。

真の自立をしていると収入も衣食住も安定します。「境界線」が整うと人生が見事に好転します。劇的に変化する世界の中で、「人生に幸運を呼び込む」ために適正な「境界線」を習得して「地球でアセンションできる条件」をつかんでください。１人が幸せになることは、世界が日本が次元上昇することに繋がると願って執筆しています。

「和の文化」は「境界線」を教えてくれていました。畳の縁《ふち》は踏まないこと、床の間は勝手に上がらないこと、神社の結界の先にある芝生は踏まないことなどです。

人間関係の「境界線」をわきまえると、決して「境界線」を超えてはならないことがよくわかり、仮に「境界線」を超える体験をすると痛い現象が起きます。

「境界線」を超える、超えてしまう性分の人とは「相手に求める」依存性が強いのがわかります。ここまでという「ライン」があるのに、ライン先に立ち入ってしまいます。

基本的には「相手の立場を尊重できる」人は、「境界線」を踏まない人です。これを「倫理」と呼ぶこともあります。「適正なる境界線」の基礎を捉えてください。

●「境界線」が整っていると、仕事の時間の効率化があり、淡々と仕事に集中できます。
●「境界線」が整っている人ほど、月の金銭も安定しているのはまちがいのない事実です。
●家族も職場でも「人と人のライン」(=境界線)を意識するとしないとでは、お金、人間関係の円滑度や、人生の豊かさの結果に差があります。

客観的に中立心をもって日常を過ごすことは、実際の人と人との対応で、実際に体験しながら、依存と自立心との関係性に気づいて学びましょう。

日本人の人に対する尊重心、倫理感、相手を思いやる気持ちは「畳がある文化」の「境界線」を意識しているからこそ相手に通じるラインがありました。

相手に期待しすぎ、特別感がありすぎると不都合が起きますし、感情的なやりとりがある時には、「境界線」がない、忘れている場合が多い訳です。

相手には相手の都合とタイミングがある「境界線」のラインを相手の承諾なしに踏んではならない、**「境界線」が適切であると倫理感が高いです。**

他人に要望を求めず、自己責任力があり、人間力もある、リーダーは「境界線」が整っていないと仕事やプロジェクトができにくいかもしれません。

「境界線」と人間力は一致します。「境界線」があると常識は尊重であり、非常識は非礼であるとわかり、尊重し合える社会になるでしょう。

お金、人間関係に悩みが多い人は、「私はこんなに大変です。誰か助けてください」と親、仲間、男女間に依存しやすい、要求が通らないと逃避か攻撃をする人は、依存度が高く、「境界線」がない、知らない、緩《ゆる》いのはまちがいのないことです。要求が強い人ほど、「境界線が理解できていない」現象が起きます。「あなたのせいだわ」ということ自体が、幼児性があり、他力本願で自己責任力がない場合が多いですね。

人と人の社会の行動基準には尊重のルールがあり、それが「お金と時間」で守られていることもあります。時間に緩い人は、金銭感覚にも緩い場合が多いです。お金の貸し借りは極力避けましょう。

お金に緩い人は整理整頓もできない、期限を守らない、人に迷惑をかけることが多いですから、自分が「境界線」があることで判別ができるかもしれません。自己成長を望む人達は、適正な「境界線」を習得できます。**愛と尊重のライン**が整ってこそ、家庭と仕事の土台ができます。

方法としては、言葉を整えていくことをお勧めしています。金銭面が安定している人たちは「境界線」がある、依存性がある人たちは「境界線」がない、緩い、よって金銭がカツカツになる、お金に窮《きゅう》していると人間関係に尊重度が欠ける、人に求める、家庭内、職場に不調和があるのは「境界線」がないからです。

これから来る地球の新時代に備えて「境界線」を徹底して整えましょう。**ネガティブに巻き込まれない防御策としても大事な「境界線」です。**「境界線」が整うと人生が好転します。

「境界線」とは、相手の話や立場に入りすぎない、しかし相手から距離をひきすぎない、適正なラインが「境界線」であります。例えば家庭と社会で「言葉使い」に差がある人ほど、表裏のある態度となり相手に依存性が強く不調和になる場合が多いようです。豊かな人達は家庭でも常に言葉や態度や姿勢が整っています。家庭や会社や団体での「境界線」と「人間力」は一致しています。

相手を尊重できるのか、自分の勝手だけを相手におしつけるのか、生きる道の「倫理」が問われる場面があります。「境界線」を習得して人間対応力を高めましょう。非常識と常識のラインとは、相手の人に対して失礼＝非常識、尊重＝常識の「境界線」です。まわりをよく見まわしてみましょう。教育を受けておらず常識を知らないだけの人であるのか、団体に迷惑をかける可能性がある非常識な人間なのか、早めに判断できることがあります。「境界線」が整っていると互いに感謝も湧きます。

人間修行の最期の「境界線」の極みとは、真の「感謝」です。

「境界線」を知らない人には無理であろう人間関係の悩みの解決とは、その解決能力の大いなる効果的な方法が「境界線」であり、家族、夫婦間、親子間、ママ友、近所、仕事仲間、プロジェクト仲間によって、「私は今こう思う」「私はこう感じる」と分かち合えずして人間関係の悩みの解決はできないのではないでしょうか。

要は、感情はゼロ、欲求はゼロ、責める気持ちもゼロであると悩みが打破でき、必要な人間関係がうまくいくということです。家庭の教育とは？　人として生きる知恵の教育を受けている人は、社会人としても社会生活の基礎の土台ができている訳です。「倫理」「境界線」、まさに家庭の教育の基礎にしましょう。母親が智慧と知識と倫理がある「境界線」があると、自然に人間適応能力がある青年となります。「境界線」を知っていると必然性と自己責任力が高いです。すると人生がうまくいく人達です。「境界線」を極めて「誰にも求めない」という境地に近づくでしょう。

我欲と所有欲が強い人は、「境界線」が弱いです。私のもの、私だけのもの、我欲、所有物、家族だけには、私が愛した人、愛されたいと求めます。我が執着している相手、家、仕事、私の思い、私の愛着等があると、目覚めも遅いし、エゴの依存度が高いので3現象®（お金、体、人間関係）に悩みが増えてしまいます。**「境界線」を習得することで悩みは驚くほどに減少していくでしょう。**

人を尊重する「境界線」、愛と信頼だけを通す「境界線」、言葉に尊重心があるかどうかで「境界線」が整っているか否かよくわかります。相手の大事な事を大事にできる人が愛と尊重の「境界線」がある人です。

「境界線」を意識して生活する習慣とは、

- ●求める気持ちや我を認識してリリースすること。
- ●誰にも求めず、ただ魂を磨くことをトライしていく間に「境界線」が習得できるようになると衣食住が穏やかに安定していきます。

日本人の先人から培ってきた尊重や倫理観や「境界線」とは、相手を思いやる気持ちが、親と子の間にも男と女の間にも上下間にも必要です。親子間も夫婦間も仕事の取引先との間にも「境界線」です。「こうしてほしい」「こうしてくれるだろう」という「境界線」の甘さがあると、人間関係で痛い目をみることになります。世の中でうまくいっている人は「境界線」がみごとであります。お金の豊かさも人間関係の円滑さも「境界線」が整っていてのこと。**人間関係で「境界線」を整えることは大変重要**です。

人と人が関わるときに魂が磨かれるのも「境界線」が整っている人の方が有効な覚醒の結果が出ます。人間関係では自分と他人のエネルギーの「境界線」を大切にしてください。苦手な人や嫌な人とも一度は向き合い、その人とのエゴを見直す関係性を切磋琢磨していくことで人間関係の悩みや課題は緩和されていきます。自らが魂を磨いて相手を信頼していきましょう。

親子の「境界線」は相手を自立した人間として認めてあげること。親の所有物にしないことです。過去輪廻転生は違う訳ですから、互いに魂が成長し合っていると捉えられる悟り度の高い親でいましょう。それがすべての人間関係の悩みの解決策です。

・子供を所有物にしないこと
・子供を狭いレールにひかないこと
・子供の将来を心配するのはおかしなもの
・自分の傷や満たされない心をおしつけないこと

会話と時間の「境界線」も重要です。親との「境界線」友人との「境界線」男女間の「境界線」を整える時には、会話の時間を目安にすると大変わかりやすいです。「境界線」と人間力は一致します。相手を尊重できるのか、誰にも求めない「境界線」の習得ができると愛と尊重と信頼関係がある仲間ができます。

人間関係のトラブルの回避策は「相手に要求しない」「境界線」です。

それは言葉にも現れて「無駄な会話がないこと」「自分の思いだけをいわないこと」「相手に必要な気づきがいえること」でわかります。**低次の事象を引き寄せない徹底した「境界線」も必要**です。これらの「眼に見えない意識」が「眼に見える現実」となるので、自宅の内外の徹底した「整理整頓」「不平不満を言わない」「ポジティブな場にしておく」「無駄な物の削除」「備えあれば憂いなし」を早めに準備してください。

「境界線」とは、「**社会の中で人と人が磨きあうため**」「**自分のエゴを発見するため**」**にも必要なラインです**。人間関係では自分と他人のそれぞれのエネルギーの「境界線」を大切に、苦手で嫌な人と向き合い、その人との関係性を切磋琢磨することで、人間関係の悩みや課題は解決できます。「**境界線」は愛と信頼だけが行き交う健全な線**です。

宇宙では、人間関係の悩みを解決した時に、次のステージに上がり、あなたが愛と調和と喜びを感じながら分かちあえる人たちと出会えることになっています。何ごとも悪現象が出てからでは遅いですから、事前に、取り組む有効な手段が「境界線」です。「境界線」が世に広まり、習得できる人達が増えると、人間関係のトラブルが劇的に減るだろう。それほど、有効です。地球の次元上昇の速度が加速しているので、わずか1日でも「境界線」がズレると、結果的に金銭や体調面、肉体的疲労に負担が増えます。

「地球でアセンションできる条件」の「適正なる境界線」のために、**「境界線」の基礎概念を理解**してください。悩みをゼロにする日常生活の「境界線」ができたら、悩みがあるマイナス時代の「境界線」と、悩みがゼロポイントになるための「境界線」とアセンションできるための「境界線」の区分けができることが「境界線」の達人です。

その前に**「衣食住安定＝悩みゼロポイント」になるために「境界線」を習得**して実践しましょう。地球で人間修行が終わり「悩みがゼロ」となり、ミッションに生きる人達は、地球でアセンションできるために必要な「境界線」として「今に集中すること」「今、ここにいる」事実にフォーカスをすることです。

その「境界線」とは、マイナス地点とゼロポイント地点とプラス地点を明確に分ける思考の「境界線」は、起きた出来事の選別をすることです。

- 脳の思考の「境界線」を理解すること
- 今に集中してすべきことを徹底すると「無」「空」になる
- 過去でもなく未来でもなく、今に集中して丁寧に生きる

「境界線」を極めることは、
「今に集中するのみである」という境地に達することができるという探求心も魂の
「境界線」です。

☆第3章☆
グラウンディング

「グラウンディング」の説明をします。
「グラウンディング」とは、「地に足がついた状態」「大地に根差した状態」のこと。
「お金・自宅・経済の土台となる力」が「グラウンディング」力です。

「グラウンディング」ができていると、
①お金、自宅、経済の土台が安定する。
②日常生活を無事に過ごすことができる。
③自分を分析できる中道の中心軸がわかる。
④「今という時間」に集中して生きることができる。
⑤お金、体、人間関係の対応能力が向上する。
⑥社会で仕事の有意義な結果が発揮できる。

公私において、肉体におけるゼロ地場のグラウンディング畑を創ることが必要です。

「グラウンディング」が不安定になっていると、

①不安、迷いや恐れが出やすくなり満たされない。
②自分に起きていない出来事に動じてしまう癖。
③「今」ではなく、過去や未来に心が動じてしまう。
④過去の出来事に対する後悔、将来への不安に囚《とら》われてしまう。

「今、何をすべきか」、自分で地に足つけた選択ができるようにしていきましょう。

常にハイヤーセルフに繋がるためにも、**「グラウンディング力」**がとても必要です。

人間には、人間修行時代の「マイナス時代」と人間のカルマがない爽快で無事な「ゼロ磁場」とミッションで結果がでる「プラス時代」があります。その全てに「グラウンディング」が必須です。

それには「必然」の真意を捉えることです。

人生の中で、**あなたに起こる出来事に、なに一つ偶然はありません。「たまたま?」はありません。**

「誰かのせい」「家族のせい」「社会のせい」にしていると、人生が一向に前に進みません。

すべての出来事は、「必然」とあなたのために起きていることに気づくことが重要です。

これを把握しているか、していないかでは天と地ほど幸せになる道のりに差があります。

眼の前の出来事は偶然ではないと認識することは、次なる人生の発展に繋がります。

生まれた環境も、通った学校や会社も運命ではありません。

すべてが、魂の磨きのために「必然」と与えられた現場です。

すべての出来事は、自分自身の魂の成長のために「必然」と起きていると「気づく」と、気づきはあなたに爽快さをもたらし、人生を楽しく、豊かにしてくれます。先が見えなかったトンネルの向こうに次第に光がまばゆく見えはじめます。

人生のシナリオを、好転的に望み通りに書き換えることができるようになります。

人生を豊かに暮らすためには、魂のランクアップ、霊格向上は必要です。
私たちは、この美しい地球上に生まれてきて、「霊性進化」の大イベントに参加しています。

最高に魂が磨ける地球上で、「今の瞬間に生きる」ことは、豊かさを実現化することが可能です。

愛と調和と豊かさをここにいる方々が実現化しながらワクワクと仕事をすることは、「自他共に幸せ」な人生の素晴らしさを伝えていくための伝播作業にも繋がります。

人生のすべてが「魂の成長のために必然と起きた出来事」だということ、真に捉えて、悟りの道を日常生活のなかで歩むということを、日々選択すると、人生が笑顔で満ちあふれるようになります。

これが地球にグラウディングできている状態です。地球にグラウディングすることが「地球でアセンションできる条件」です。

この条件を把握しているとしていないとでは、天と地ほど幸せになる道に人生の結果の格差があります。

この世に命を頂き「ありがとう」と魂の体験を通じて生き抜くこと、地球上に生まれてきた目的に真に近づけることとは、今という瞬間を最高に輝いた人生にしていくことでしょう。地球上で人間がシンプルでナチュラルな美しい状態に戻っていくため、地球にグラウディングができていると、1日の大切さと、命の有り難さを多くの人達が感じることができる「生き方」になることでしょう。

「グラウンディング」する方法とは

「クラウンチャクラ」（頭上）と「脊柱基底」（尾骨）の間には「**プラーナ管」という中軸**があります。人間の体の中心を貫く「プラーナ管」に「宇宙のエネルギー」と「地球のエネルギー」が通っています。人間の肉体が天と地の繋がりとなる「生命力」となるための「グラウンディング」の訓練方法の1つです。

頭頂に達したエネルギーは「高次元の意識」と繋がり、「地球の中心まで繋がるエネルギー」は肉体を日々活性化させます。

「プラーナ管」を意識して1日5分瞑想して毎日訓練することで、あなたの地球上の「グラウンディング力」は向上します。

「生きる」「喜び」「美」と「健康」と「衣食住の安定」を「現実化する能力」を養うことが可能となっていくでしょう。

グラウディングエネルギーをマスターする方法

大地に繋がっている「プラーナ管」を通して大地から息を吸い上げてください。地球のエネルギーを「プラーナ管」に引き上げながらそれを口から吐き出します。

1日朝晩5分程度です。「プラーナ管」を通じて大地のエネルギーが、肉体に上がってくるという感覚を持てるまで何度も行います。「高次の意識」と通じる前に、「肉体」というあなたの存在の「生命力」を高めておくことが不可欠です。

30日間実践すると、**「地球の中心の核」**と**「肉体」が繋がっている「グラウンディング」能力が確実になっているでしょう。**

実際にやってみましょう。呼吸は自然にしていて下さい。

①大地に繋がっている「プラーナ管」を通してベースチャクラに息を吸い上げます。

②地球のエネルギーを「プラーナ管」に引き上げながらそれを口から吐き出します。「プラーナ管」を通じて、「大地のエネルギー」がベースチャクラを通じて体に上がっている感覚をもてると「グラウディング」です。

グラウンディング

☆第 4 章☆

人間修行（お金、体、人間関係）をゼロにすること

人生に起きる出来事は魂を磨くために起きています(霊格向上)。魂を磨くためには、3現象®を見直して人間修行をゼロしていくことが「地球でアセンションできる条件」です。

3現象®とは、「お金」「体」「人間関係」のことです。この惑星・地球でしか学べない体験です。全ては必然の体験です。あなたの人生に起きる出来事は、すべてが魂の成長のために起きています。

3現象®の悩みを解決するために、日常生活の中で「気づき」を持つことが大切です。「気づき」は人生を好転させるチャンスです。「気づき」があるとないとでは、人生に「天と地」ほど差が結果となります。

家庭や職場や街での日常の中でのささいな一コマ一コマで「気づき度」を上げていきませんか。

(基礎概念)

○3現象®とは、「お金、体、人間関係」のことです。人間は3現象®で魂が磨かれる。

3現象®に不具合がある場合、潜在意識に必ず起因がある。起因に気づき、自己成長するために必然と起きている。

３現象®の対応能力が上がることにより人格が成長していく。３現象®の対応力の悟り度が高いと覚醒段階が上がる。

○「必然」「３現象®」を捉えると「気づき」が起きるようになる。
魂が本質の状態に自然と回帰しようとするため、潜在意識の情報がボルテックスを通じて顕在意識に現れると体も健全になる。

「気づき」が1日3回、5回と日常的に頻度多く起きるようになると、魂進化のために消滅させたい因（エゴ）を発見できる。

エゴとは、過去に起きた出来事（過去輪廻転生、妊娠中、幼少期、青年期等）により、思い込んでいる固定観念、古い価値観、古いパターン、自我の思考のこと。

エゴは３現象®に苦痛を起こす。エゴを発見し、認識し、消滅させていくことにより、３現象®をゼロポイントにしていくこと。すなわち、人間修行の修了の合図がゼロ。

(1) お金について

お金はエネルギーです。お金のエネルギーは愛と感謝です。

お金を払うことを、自分のエネルギーを出すことと捉えると自宅のローンや家賃、子供の学費など、すべての支払いに対して感謝の気持ちが生まれ、支払う金額より多くの幸福が受け取れることに気づきましょう。

お金は社会に有効に使う態度や心の使い方によって、心身を循環して与えて流れ込んでくるエネルギーです。悩みがゼロになって真の豊かさでは「**お金**」と「**時間**」と「**自己価値**」**が一致し、自分の価値も上がります。**

人間修行のマイナス時代は、物質的としての「お金」「誰か」に依存して過ごしています。自分の環境やお金（物質）に対して不平不満を潜在意識にもっているので金銭面がうまくいかない。現在、金銭面で不都合があるということは、「お金」の学びができていない、人生にツケがある未開発な部分です。この地球に「生かされている」のに、命のツケ支払いが終わっていないということです。誰かに借り（起因）があるのではないでしょうか。自分では認識できない深層心理を分析する能力を身につけることによって、お金の修行が終わると与えて受け取れる「ゼロ磁場」になります。顕在的には「お金がエネルギー」だと気づいていても幼少期に父親への「不信感」があると社会生活で葛藤がある場合があります。

世界も日本も課題が一杯です。「働く」ことや仕事は誰かの役に立っています。**お金の学びはこの地球という惑星では必須です**。決して誤解してはならないのは、「お金に執着しない」＝「お金に欲がない」という気づき度が高いが故の勘違いです。この世界は「お金」の間違いで戦争まで起きています。お金を純粋なエネルギーと捉えられる人間が増えると、世界はとても明るくなります。日本に生まれ育ったライトワーカーの方々が、本当にやりたいこと、ワクワクする仕事をするためには、お金の捉え方と対応能力がとても重要です。

「お金」は自己価値の「エネルギー」です。クリアな質の良いエネルギーになるように「誰かが喜ぶ」使い方をしていきましょう。また、3次元の人たちが「お金」でもめるのは「魂が磨かれていない部分」があるからです。それも含めて現金を使用するときに「ありがとう」という言葉をつけていくと魂が磨かれます。インターネットでの購入やキャッシュレス社会に慣れてしまうと「ありがとう」とお互いに声にださずに商品の流通が起きます。「お金」の修行のための気づきがもちにくい現代社会において、あえて現金を使用したり、銀行のATMに向かって収支の度に、「ありがとう」と声に出すことはとても大事な実践作業です。また、**愛と光を受け取ったらそのままにせず、自分のエネルギーを「与える」という感覚が衣食住が安定するマネースピリットが次元上昇することです。**

この惑星は「お金」があるから魂が磨けるということに気づくことです。「ありがとう、ありがとう」、ここに気づかなければ一生金銭面はカツカツです。このことを知った上で「お金に執着しない」ことも大事です。「禅」の極意で「あってよし、なくてもよし」という感覚も必要です。

この世界は、お金を物質的に捉えているカルマがなかなか終わりません。「お金」は自分の「エネルギー」です。クリアな質の良いエネルギーを支出していくためには「誰かが喜ぶ」使い方をしていくことです。お金の教育を義務教育にすると宜しかったです。「お金」に関する人間修行を終わらせるということは、「地球でアセンションできる条件」です。

「お金の修行」をゼロにする極意

○「お金」をどう捉えるのか、「お金」が悩みにならないように「お金」の修行が終わるように基礎を習得しよう。

①お金は受けとると誰かに与える、スーパーのレジの買い物も会社での仕事も自己価値を与えている。

②お金を出し惜しみしている人は、お金のエネルギーが返ってこない確率が高い。これは宇宙の真理。

③与えすぎる、例えば、境界線を越えて、相手に与えすぎると疲弊したり、痛い目にあうことがある。

④お金がエネルギーだと習得すると、貯金に執着することはあっていない。誰かのために生かすこと。

お金の悩みを解決するためには、前記の理解が必要であり、実際には実践で体験を積み重ねていくことです。お金を悩みと捉えていると否定的な奪うエネルギーになって、生活のための仕事として不平不満が肉体内に溜まります。すると、宇宙の真理と合っていないので気づかざるを得ない「金銭の消失」が起きます。金銭が枯渇して、いつもイライラしたり、他人に要求が強くなっていきます。

例えば、自分の労働ではない（地に足ついて働くこと以外）、賭け事、博打、宝くじなど一角千金を得ようとすると、一時的には臨時収入になったとしても、すぐに大損となることでしょう。営利目的な株、投資、仮想通貨の動機があって結果がしかりです。この悪循環にはまると、泥沼から這い上がれない、それは、人生の生き方の基礎をおさえていないからであり、小手先の方法では金銭苦から抜け出すことができないサイクルが低次元では起きています。そうならないために、現在の会社やパート先から給与を頂いている限りは「ありがとうございます」しかない訳です。

現在の夫（パートナー）から給与を頂いているのならば、「ありがとうございます」と玄関で迎えるのが悟りです。自分の好きな仕事をしている人たちは、まさに「自己価値」を高めて、お金を受け取れる人間性を高めていくことに集中しましょう。

「お金の使い方は心の使い方である。お金の使い方で魂が磨ける。『お金が美しい』と思える人は『心が美しい』人である。」

「お金は魂の磨きを教えてくれている。お金は魂を磨くために存在する。お金がある限り、学び続けることは魂が磨かれる。」

「お金とは純粋なエネルギーである。お金は美しい感謝のエネルギーだと受け取ること。働くたびに生命の気力が湧いてくる。」

「お金は自分の価値である。お金は自分の価値のエネルギー。魂を磨いて、自己向上をすることでお金を受け取れる自己価値は上がる。」

「縁を縁で繋ぐと、お金の円が生まれる。円＝縁。お金を通じて、ご縁（円）の豊かさを引き寄せるためには他者貢献できる存在となる。」

（『人生が覚醒する言霊』から抜粋）

⑵　体について

地球上で次元上昇が起きているのに、まだまだ自分に起きる結果の因に気づかず、たまたま風邪をひいた、たまたま人からインフルエンザがうつったと思い込んでいる人達は、何度も繰り返し風邪を引いてしまう。このように人間の身体面は、体調の不調をもたらす原因に気づくまで、本人に繰り返し痛みと不都合で教えてくれているのです。原因を見逃すと重症になりかねません。

「心＝体」は一体であると認識して、不調の原因に気づき手放すことで、病気の予防や緩和ができるようになります。すでに起きている体の不調を好転させることも可能です。

健康を維持し、働く喜びを感じながら生涯を送るためには、不平不満を言わず言葉を見直すことが大切です。この習慣が身につくと、健康面が維持することができます。顕在意識、潜在意識が魂の進化にともなってクリアになると、毎日に生きる喜びが感じられ「生まれてきてよかった！」と、日々が有難く過ごせるようになります。水を飲んでも感動できて、朝起きた時にも太陽に感謝ができるようになります（＝**7チャ**

クラが開花している状態）。愛と調和に満たされた人生を体現することは、「自他共に幸せ」を肉体のある存在として伝えていくことにも繋がっていきます。

「存在のすべてなるもの」は肉体を魂の乗り物とすると、**人間とは心、体、魂の一体化が望ましいことです**。この地球で三位一体ができている霊格者はまだごくわずかであります。人間修行がマイナスな次元の人間は、心と体が一体化していません。すると**真理ではないので、心が病むか、体が病みます**。これを解決するのは、顕在的な手法では無理があり、**心と体の管理エネルギーの「チャクラ」の活性化が必要**になってきます。

7チャクラが開花している人間は、心と体は一体化に近いことが、透視しても顕在的な健康度でもわかります。見えないチャクラは見える化が肉体の健全さです。

例えば、怒り、憎しみ、差別、嫉妬、否定という潜在意識があり、発見できていないとそのチャクラのスポット部分に該当する臓器に支障が起きる場合があります。

＊魂が肉体の体験を好む人間は体面で学び、お金の要求が強い心をもっている人間は

金銭で苦しむ体験によって**気づけば魂は磨かれるが、前記に気づかないで他者のせいにしていると魂が濁っていきます**。否定感やネガティブな神経の働きがあると肉体が滞ります。

不安や迷いは心臓を痛めやすく、人間関係の軋轢《あつれき》は腸の動きを滞らせます。恐れは腎臓や肝臓を痛めることもあるでしょう。母親への反発は子宮や卵巣を曇らせるかもしれません（※あくまで仮説）。肉体面でまだ気づいていない方々も魂を磨いていないと「宇宙の真理」と外れていると無意識ではわかるので不安と迷いが増量します。「よし、魂を磨こう！」と精進できる人たちと、体面に無知な人たちは次元の差がでます。これが1年、2年と積もり積もると肉体面に悪現象化されることはあるし、気づいてエゴを減らすことで若々しく健全に過ごせることは自然な現象です。肉体面でも潜んだ意識に気づいた人たちから魂を磨いていきましょう。

初心は「愚痴不満はいわない」が鉄則です。人間の人生とは、魂を磨き、霊格を高めるための修行の場であります。死は「肉体を離れる」と私は呼び、その後も輪廻は繰り返されていくでしょう。ただし、この度の地球でマスターレベルになると輪廻の輪から解き放たれる魂もあります。どちらにせよ、このアセンションに備えるための肉体とエネルギー体の波長と波動を整えておくことが充実した人生を過ごすことに繋がっていきます。

一般的な人は心に感情がまとわりついていて生命エネルギーを消耗してしまっています。無駄な時間、無駄な情感、ネガティブなやりとりは肉体に否定エネルギーを沈滞させます。ネガティブで低い波動の家では植物も枯れやすくペットも病気がちでしょう。場合によっては同居している家族や子供の身体面も不調が起きるかもしれません。自宅内に住居する人間は互いに影響を受けやすいので、1人が肉体面に気づくことで顕在的な食の気も改善できるし、潜在的に健康度が安定してくることは事実好転現象として起きます。

私達の生命に影響を及ぼしているのは、内側の感情や意識に加えて外側の宇宙、銀河系、世界、社会事象や音や波動があります。宇宙のエネルギーと大地のエネルギーの繋ぎ目が人間であります。（天地人）よって、**人間の生命、誕生、出来事は、太陽や月のエネルギーに影響されることも事実**なのです。

どう肉体に影響があるのかというと、人間の体の感覚器官や内臓や血液やリンパに及びます。1日の大半をネガティブな性エネルギー（卑猥《ひわい》な思考や過剰な刺激）や嫉妬のエネルギー（他者否定）を使用していると、ポジティブなエネルギーが肉体から漏れ出します。必要以上の多量な電磁波を受け続ける脳や肉体は波動が下がります。精神の混乱や次元の低い言動に繋がり、地球でアセンションすることは決してできません。否定のエネルギーは爆発力があるので、それが内臓や脳神経に生ゴミのようにたまっていると、本人の肉体が危険です。

この書籍で気づいた「地球でアセンションする」ことを選ぶ人達は、自分の肉体にも「ありがとう」と伝え（シャワーの時などに）**呼吸をするたびに「元気」なエネルギーを吸い込みましょう!!**

⑶ 人間関係について

「人間関係」は魂の学びです。**魂は人と人で磨き合う、この真理からは逃避はできないので「人間修行」が修了させるために眼の前にいる人間と魂を磨ける間に研磨して磨いてしまいましょう。**

例えば、「自分が反応する」相手とは魂磨きの要因があります。比較的長時間いる相手とはエゴが発生しやすいので魂を磨き合う必要性があります。その都度「人間修行」が終わるとその相手が眼の前からいなくなるという現象もあります。仮に嫌な職場や家庭から逃避しても次の現場で似たような相手とまた魂を磨き合うことになります。逃避した分、「因果の法則」で3倍厳しい関係性である場合もあります。魂の錆《さび》は落としてしまいましょう。

ダイヤモンドが光輝くためには、ダイヤモンドとダイヤモンドでしか磨かれないように、人は人との出会いや互いの関係性の中でこそ魂を磨くことで成長します。苦手な人を避けたり争ったりしていると、魂が曇ってしまい、人間関係の悩みは深くなることがあります。身近な人ほど魂が磨かれるために宇宙があなたに教えてくれていることが必ずあります。当たり前の普通の関係性から尊重し合える関係性にしていきましょう。**家族意識だけを強めるのではなく、出会う人達と「境界線」をもって人を尊重していくこと、自他共に幸せの一歩であります。**相手に依存したり要求をしたり嫉妬したりする自我を減少させることが魂の錆落としにつながります。一度向き合うためには、自分から相手に架け橋を渡していこう。全ては魂の学びです。

愛のある言葉、思いやりのある行動とはどのような対応なのか、心がけることは何でしょうか。誰もが懸命に生きていて、人には気づきのタイミングがあるだけです。人間関係の小さいことをくよくよ悩むのではなく、物事に対してこだわらない、切り替える、寛容であることです。そのような方々がいる職場は元気で豊かな職場でしょう。そして、「人間修行がゼロ」となると、人生において必要な時に必要な人が現れます。次の次元の人間関係にするためには、**去る者は追わず、来る者も心眼で厳選していきましょう。**

人間関係の不具合や不調和からのイライラは「相手に要望がある」から、怒りや攻撃性になる場合があります。誰もが感じる「怒り」「こんなはずではなかった」という後悔も、誰かに過度に期待しすぎるからです。それが親子間や夫婦間で多いのではないでしょうか。「信頼できる素敵な人間」が現れた情景をリアルに想像し、その時に湧く感情（思考や言語ではなく）をしっかり味わって宇宙に発信してください。安心感や喜びや幸福感等々、言葉にしない感覚、嬉しい感情を味わってみてください。

当たり前の普通の関係性から、尊重し合える愛と信頼の関係性にしていくこと。食卓での言葉、会社のランチなど、互いの尊重心を保つ「境界線」のテーブルにすること。互いに自己向上ができて分かち合いができるのか自分自身を考察してみること。

長時間いる人間関係は、エゴが発見できる、実践がうまくいっていると宇宙は魂が磨けるように仕組まれていると悟ること。小宇宙（家庭）が乱れると大宇宙（仕事場）が乱れる。会社で「境界線」をもって知人と語り合う、お互いに切磋琢磨《せっさたくま》ができる関係性まで向上させると人間関係も良好になっていく。

1人の人間には男性性と女性性があります。過去世でも男しか輪廻がない、女しか輪廻がないという魂は存在しませんので、どちらの性も体験しています。今世は自分の体の「性」で魂を学ぶことになっています。

「美的に」「綺麗に」「愛と思いやりに満ちる」笑顔でいることを何ごとも3ケ月以上は継続すると、自宅でも職場でも変化を認めてくれることでしょう。「あなたのお陰で今の安心があると気づきました。ありがとうございます」と敬語で真顔で「人間修行」の相手に伝えましょう。

3現象®で葛藤する男には、エゴの強い気づき度の低い女がついている場合があります。豊かな生活をしているパートナーは互いに気づき度が高いことが臨床結果では明確です。互いに尊重と感謝があるので金銭も健康度も安定しています。

「ありがとう」がない家庭は、金銭が枯渇《こかつ》してイライラしているので、人間関係のトラブルを引き寄せてしまいます。該当する方がいたら根底から変えていかねばなりません。「地球でアセンションできる条件」の一つは、「人間修行の修了」(ゼロ)です。

例えば、**父親の一部が夫に、母親の一部が妻に潜在的な側面にリンクしますので相手に「ありがとう」「お帰りなさい」を伝えることが「どうしても悔しい」という心情がある相手には自分の幼少期に押しとどめたエゴの錆があると知りましょう。それに気づき発見して消滅させて実践せねばなりません。**魂を磨くために、そして、**自分の性の側面をみるために、眼の前の人間がこの人であることを認識してください。相**

手が欠けているのではなくてご自身が欠けている側面があると、それを発見できると見事です。相手を理解せずして自分は理解されません。相手を認めずして自分も認められないでしょう。しばらくして「あなたからいつも教わっています」と言えるのならば（実践）、相手の気づき度もまちがいなく上がります。そこからまた気を抜かずに人間関係やパートナーシップを向上させてください。**この世界は「価値感の違いから自分も学ぶ」のが「人間関係」の基本です。**

地球上ではこの３つが人間修行である。３現象®は（お金、体、人間関係）は惑星地球の人間界の修行であり、人間関係の修行が終わるとゼロ磁場の霊格となります。本来は、ゼロ磁場でないと「生まれてきた目的」のプラスの人生に上昇できません。３現象®のお金、体、人間関係が円滑になるのはプラスの磁場の人間です。自己価値のエネルギーがゼロ磁場の人は、大地を整える時期であり、プラスの磁場の人はアップする状態です。「地球でアセンションできる条件」はゼロ磁場の肉体にすることです。（参考のため「地球で目的がある」リーダーは、「プラス磁場」にしておかないと他者を導けません。）

⑷ 霊格向上の「マイナス、ゼロ、プラス」の区分けについて

霊格向上のマイナス地点、ゼロポイント、プラスを自覚認知することで人間修行（お金、体、人間関係）をゼロポイントにすることが可能です。

1. **「マイナス」**（過去にツケがある悩みがある状態）

＊「3世代のカルマ」が解決していない場合、3現象®の悩みがつきない。
例えば、親が子にした行為は、老後に子から返される場合があるということ。

また、男女間の離婚やトラブルで教訓をしていないと、また似たような結果となるということ。

＊原因をつくった行為（言動）の**ツケ、3世代カルマのツケ**を人間修行で支払わねばなりません。

＊「マイナス」**の期間は「ゼロポイント」になるまで徹底して現実で顕在的に実践することです。**
「マイナス」**からゼロになる時までは相手と向き合わないとならない人間修行相手**

に「ありがとう」。

＊「マイナス」の人は言葉にエゴがあり、相手に真意が伝わらないと気づき、何度も訓練しよう。

2.「ゼロポイント」（悩みゼロになった瞬間のポイント）

＊人間関係にカルマがない、カルマゼロの状態のこと。

＊人間界の修行をマスターしているので衣食住は整う。

＊人間修行終了。チャクラ開花、境界線が整ってくる。

＊優良なオーガニック畑にするために大地を耕すこと（二年間の期限）で、「ゼロ磁場」になる。

＊**「悩みゼロ」の時に最も「ありがとう」を言うこと。**

与えて受け取り、受け取ったら与えること。

＊眼の前に起きたプチ現象で瞬時に見直す習慣性をつける。鋭敏に因を認識すると、エゴは消滅する。

＊７チャクラ全開花＝健康体であることは、細胞が輝き、血液リンパがサラサラで内

臓が健全な状態。
＊衣食住安定＝ゼロポイントの境界線とは、「**今に集中すること**」「**今、ここにいる**」**という事実。**

3．「**プラス**」（他者貢献できる状態）
＊プラスの人間は喜びごとを連鎖できる霊格である。言霊、磁場が安定している。
＊不純な意識がない。思考、神経の使い方がシンプル。思考回路がクリアである。
＊3現象®のお金面、健康面、人間関係は円滑である。
お金：純粋なエネルギーを出す、3倍のエネルギーが返ってくる豊かさを体験。
身体：細胞が若々しくみずみずしく元気。心身爽快である。元気なエネルギー。
人間関係：経済が安定していて思考が豊かである悟り度の高い人脈となること。
＊7チャクラ全開のスポットの直径が広く13次元であるチャクラは黄金色である。
＊プラスの人の言葉は「言霊」**であるので、社会や**他者への効果がある、徳積み。
＊プラスの人の言葉は、相手を目覚めさせる言霊。**発する言葉は**「言霊」**になる。**
＊プラスの人がいる「場所」は、「波動」を上げることが可能となるのが最大効果。

☆第 5 章☆

顕在意識と潜在意識

人間の意識とは「顕在意識」「潜在意識」「無意識レベル」の3層に分かれています。

身体が、ゼロ磁場になるためには現実に明らかに影響がある「潜在意識」について理解することが重要です。

人間の「顕在意識」は誰から見てもはっきりとわかる事実、現実です。「顕在意識」が整うと、社会で自立していく能力が安定します。

「潜在意識」は自分では認識していない潜《ひそ》んだ意識です。目の前の出来事は潜んだ意識、「潜在意識」の結果です。

「顕在意識《けんざいいしき》」とは？

私たちが日常生活で物事を考えている、自覚している部分が**顕在意識**です。顕在意識は、潜在意識を含めた意識の出入り口のような役割を担っています（「第１章チャクラ」の理解をしましょう）。

一般的には意識全体の約20パーセントを占め、まだ気づいていない人たちは、顕在意識だけで考えて言葉を発して行動をしています。顕在意識だけで、家庭の問題に取り組んだり会社の苦手な人に対応しても、何一つ解決しません。しかし、人間関係を円滑にするためには表面意識である顕在意識を整えることも倫理的に必要です。顕在意識を整えるためには、**言葉と姿勢を美しく保つことがとても大切**です。

意識の在り方はとても重要で、鈍感でいるのか、それとも潜在意識に気づいて自己改善していくのか、生き方と現実生活が大きく変わります。**常に自分を客観視して意識の動きを考察しましょう**。

家庭や会社で「私の思うようにさせて欲しいわ」というエゴだけを主張して相手に要求するのではなく、「あなたの意見を尊重します」と伝えることから、その場所に調和のエネルギーが生まれます。

言葉と動作を整えることを誰からもわかる態度で意識して続けていくうちに、自然にできるようになります。これで約20パーセントの顕在意識が整っているということです。言葉と姿勢が整っている人達に金銭面が安定している人達が多いのは、その1つの結果です。潜んだ意識を認識する前に、顕在意識を整えることを人の道としてお勧めします。

「潜在意識《せんざいいしき》」とは？

常時潜んだ意識として思考的に活発に活動はしているが、**自覚されない意識のことを潜在意識**と言います。意識全体の約40パーセントを占める潜在意識がクリアになっていくこと（＝エゴがなくなること）で目の前の現象結果を好転させる力が急激に高まります。

潜んだ意識をクリアにするためには、**0歳〜12歳の間に受けた両親からの影響による思考の刷り込みや、否定的なネガティブ意識や、あなたの中に古いコンピュータのように「プログラム」されたがんじがらめの枠組みや「3世代のカルマ」「古い価値観」「固定観念」という潜んだ意識にあるエゴの思考を消滅させていくこと**です。繰り返してしまう思考パターンや必要のない古い価値観に捉われるのではなく、**自身の潜んだ意識に気づき、認識して完全にクリア（エゴリリース）をしていくことが人生をとても円滑にします**。

潜在意識がクリアになり心身の内側の光が密度を増すと、ワクワク嬉しいことが増えます。まず、**目の前に起きる現実の現象から、自分の潜在意識をクリアにしていく**

ことです（＝チャクラが開花すること）。

参考のためにライトワーカーやスターシードなどの地球に役割がある魂は「無意識」も現象に現れます。これまで地球上に40回、50回と肉体をもって生まれ変わってきた私たちは、地球上に生まれる前にさまざまな惑星を経過して約1000回、2000回以上も生まれ変わってきました。この惑星外のカルマは母親の子宮の中で感じていた「無意識」とほぼ同一であり、目の前の現象に現れます。特に、ミッション、アセンション、地球の計画、個人のアカシックレコードにも影響があります。これを決定するのが「無意識」です。

ただ、一般的には、潜在意識にあるエゴが消滅すると、人生は驚くほど好転していくこと、その後の「光と闇の統合」作業になるという順序です。こちらは「シルバーあさみの個人セッション」で対応しています（ただし、「ゼロ磁場」のクライアント様しか担当していません。）

潜在意識とは、**自分自身では気づけていない意識**です。平均的には、意識全体の40

パーセントです。潜んだ意識が起因となるお金、体、人間関係の現実の現象結果に多大な影響があります。

「意識は現実になる」ということを深掘りすると、0〜12歳の「親からの刷り込み」や「否定的な体験」が潜んだ意識から解放されていないと、40歳、50歳になっても、壁にぶつかってしまうということです。潜んだ意識が顕在的に認識できて消滅できるまでは何度も何度も同じような問題が生じます。この時、エゴ（因）に気づき、潜んだ意識から古い価値観を消滅させていく方法を知っていればよいのですが、エゴの認識方法を知らない場合は、「一生懸命生きているのに、なぜこんなに苦しいのか？」と思ってしまうことがあります。また、思わぬことで人生が行き詰ってしまい、悩みの抜け方がわからない悶々《もんもん》とした状態で何十年も過ごしてしまいます。

瞑想してから、**「0〜12歳までの出来事」を思い出してください。**潜在意識の層の蓋《ふた》が閉まった状態で過ごしていると、ある次元の期日で、急激にボルテックスの蓋が空き、思わぬ問題や厳しい現象が起きてしまうことがあります。そのようにならないためにも、**日常の悟り道を習得して、普段から潜んだ意識の記憶やエゴを発見しておきましょう（※ボルテックスとは顕在意識と潜在意識を繋ぐ橋）**。

例えば、母親に「もっと認めて欲しかった」「否定されたくなかった」などの意識が奥底にあることを素直に認めていくことがとても重要です。この作業で、自分を責めるのではなく「傷」を認める、「エゴを認識する」ことが大事であり、次第に母親に真の「ありがとう」の感謝が生まれることでしょう。

0～12歳の因を認識し、徹底消滅させていくことで魂が本質に光輝いて、最短に「覚醒する」ことが可能です。「地球のアセンションの条件」として、「各個人の覚醒」があるので、「**意識をクリアにする」ということが誰かの役にたっているという（＝集合無意識）宇宙の真理に目覚めると、自分の悩みは速攻的に解決していくという「宇宙の法則**」も知りましょう。

具体的には、「顕在意識」と「潜在意識」を「認識」し、徹底的に「エゴ・消滅」をすると、「瞬間、瞬間」の「心の選択」「ポジティブ」で「肯定的」な「心の選択」ができるようになったことによって、「家庭」「社会」「己」に対しての「物事の捉え方」が整っていきます。「霊格（人格）」が「整うこと」とは、「思いこみのない」、「エゴのない」、「とらわれのない」「物事の捉え方」ができるということです。中立中道です。

「**1日3回は潜在意識に気づいてエゴを消滅させていこう**」「**丁寧に魂を磨いて日々精進をしていくこと**」**これを日々実践していく**ならば、自他共に笑顔のある「生き方」の明るい光の存在となり衣食住の土台が整っていきます。お金、体、人間関係の悩みが減っていく、解決する、人生が円滑になっていくでしょう。

習慣的に「1日3回の気づき」をもつ、朝起きてから寝るまでの間に、3回の気づきをもつことで、あなたの潜在意識の蓋が開き、この母親に生まれた意味と人生体験の因果関係が明らかになっていくのです。すると、「これは私の魂の成長のために何かを教えてくれている」「この困難な出来事は、私が何かに気づくためのものだ」と、覚醒段階も高くなります。そして、何事にも動じない顕在的にも整っていくことになり人生が安定します。トライしかありませんので、今日から実践してみましょう。

＊（注意）「潜在意識」とは、「潜んだ意識」と文字で書くように、自分では認識していない「深層心理」です。「潜在意識とは何か」ということを「分析していく能力」を習得していきましょう。「顕在意識」と「潜在意識」を区分けすることが「**意識をオールクリア**」**にするために大事**です。「潜在意識」を理解する方法として、「**潜在意識**」

は目の前に起きる現実（お金・体・人間関係）に因果関係の影響が40パーセント以上あるということです。目の前の現実（お金・体・人間関係）に「不具合」や「不都合」があるのなら、「潜在意識」に「エゴがあると認識する」という習慣が必要です。**「エゴ」は潜在意識**です。「顕在意識」と「潜在意識」を区分けすることが大事です。幼少期の「3世代カルマ」が厳しいと、他人にも「ありがとう」が言えないという未熟な魂であるという臨床結果があるのですが、逆に、そのような場合こそ「ありがとう」を「日々《ひび》是《これ》好日《こうじつ》」で言葉に出すべきです。潜在意識がチャクラに根付く**0〜12歳までの親子関係の教育は誠に重要**であり、それが、**30代、40代、50代になっても、各個人の「悩みの因」となるという潜在意識の認識とエゴの消滅は、心身を健全に保つのにとても大事です。悩みがゼロ（ゼロ磁場）の人は7つのチャクラが全開花しています。**

「3層の意識」が区別できたが故にエゴを「オールクリア」にできた時、「人間」である私達は「肉体」に押しとどめられた「意識」が「肉体」をもって「次元上昇」するということに「目覚める」「悟る」ということが起き、目の前の「現実」に、明確に「人生の結果」に現れます。目の前の「現実」はあなたの「意識」の表れです。今この時間からは、「顕在意識」「潜在意識」を「自覚認知」して気づくことが可能になりました。目の前の「現実」を「豊か」に「幸福」にしていくためには、24時間「意識」を微細に発見し分析をしていく「修練」をして下さい。

「今という瞬間」に「生きる」ということは、魂が霊性進化をして上昇をした「ハイヤーな自己」である魂ランクになるでしょう。「地球でアセンションできる条件」のハイヤーセルフに繋がって生きるためにも「顕在意識」「潜在意識」「無意識」の理解と認識とその修練は必要です。

「実践方法」は、「シンプルに生きる」こと、「無駄を無くす」ことです。会話や思考にエゴがあると、無駄がとても多くなります。それは心身の「次元が低い」ので、チャクラが開いておらず、肉体面にも悪現象が出る場合があります。

そして、13次元の「地球の次元上昇」からはじき飛ばされます。太陽と月と地球の関係のアセンション効果が加速度的に上がっています。人類が覚醒して、地上で「地球を愛の星にする」ために、自ら「実践」して意識改革できるのか？　黄金の街にできるのか？　人類がカルマとエゴのまま、地球にグランディングできないのか、完全に2極に分かれることでしょう。

「あなたは地球に何のために生まれてきましたか」

魂を磨いて、次の魂のレベルにするため、です。今ここには「いまのままのレベルでいい」と思う人はいないと存じます。仮にいたとしても、それは「宇宙の真理」に合っていないので、「いまのままのレベルでいれなく」なると「覚醒」してください。

「あなたは地球に何のために生まれてきましたか」

あなたの魂はいろいろな惑星を経過して、輝く光となれる地球を選びました。この最高のクライマックスに地球にいるなんて、超エキサイティングなことです！

☆第 **6** 章☆

波動について

「波動」とは、「人」「もの」「場所」にあります。「地球でアセンションできる条件」の秘訣中の秘訣です。「波動」は波の動きのように流動的であるが故に「安定させる」ことが望ましいです。

(1)「人」は、身体の7チャクラ（心と体の管理エネルギー）が開花していると「波動」が安定しています。7チャクラのいずれかが開花していないと、心に起因か、体に現象が出ていることはすでに「第1章チャクラについて」で書いています。よって、3現象®（お金、体、人間関係）に悩んでいる人、イライラしている人、クヨクヨしている人の「波動」は低いです。

エゴの発見の大事さも「第5章顕在意識と潜在意識について」で解説しました。やや悩みがある時にこそ、「ありがとう」を沢山声に出してください。「波動」が低いと、金銭が失われる、体面の不調、人間関係に争い事と不調和を引き寄せやすいです。「人」として「眼の前の出来事」から学ぶという根底が定まっている「人」の「波動」は安定しています。いずれ「波動」が高くなると、「喜びごと」「豊かさ」「恩恵」「幸福感」が増えます。

⑵「もの」は、空間にあり、人間が触れます。⑴を理解すると、7チャクラが開花している「人」が触れた「もの」は、「波動」が安定しています。しかし、それ以外でも見直しはできるのでご紹介します。

例えば、仕事で使用する「もの」とプライベートな「もの」を重ねたり、大事な手紙や書類の上に布タオルを置いてしまうと、「波動」が上がりません。パソコンの上に売店で購入してきた雑誌「もの」を置いたりするとパソコンの「波動」が下がります。

ネガティブな思考で別の事を考えながら、カレーライスを作るとカレーも鍋も盛り付けた皿も「波動」が下がります。パートナーや子供がそれを口に入れると「体」の「波動」が下がります。「波動」に気づくまで、ネガティブな思考の頻度が多いとすると、体面が病気がちになる場合があります。

要は、波のように、手からポールペン、紙、封筒に移動するということが「波動」の原理です。財布やカードや通帳は覿面《てきめん》に「波動」の結果が金銭事情となります。お金のエネルギーや「波動」は数字に現れます。自営業や店舗運営の方などは、スタッフがどういう心情で「もの」を扱うのか指導をすることを大変お勧めします。

⑶「場所」は、壁で仕切られた「場所」と街や道路や自然界があります。第6章では、壁で仕切られた「場所」に限定して説明します。自宅、マンション、学校、塾、会社、工場、店舗などが「場所」とすると、そこに集まる「人」「もの」の集合体である訳です。すると、否定的な人間がいる場所は「波動」が低いことになります。また、人間トラブルや不平不満がある「人」が多い場所は、「波動」が低くなります。「波動」が低いと、「金銭流失」「事件事故」「水漏れ」や「火事」が起きやすくなります。

団体の「場所」の6割の「人」が元気で肯定的であり、お互いに「ありがとう」や「挨拶」を伝えあっている「場所」は「波動」が安定しています。自宅しかりです。一軒家は「波動」がわかりやすいですが、大型マンションだと、両隣、管理人さんの挨拶や住民の「人」の6割が「波動」に影響があります。あなたから「挨拶」をして「波動」を上げることができます。**「場所」の「波動」が自宅や会社の免震強化にもなります。**

このように自宅や個人を守る「波動」とは、「地球でアセンションできる条件」として「場所」を安定させるということです。「人」の精神が乱れると「波動」が下がり、

「波動」が下がると困難やトラブルに遭いやすいです。よって、あえて「波動」が低い「場所」に娯楽に出掛けたりすることはお勧めしません。

自宅の「整理整頓」は「波動」を整えるので、常に「整理整頓」してから仕事に出掛けるのがどちらの「場所」も「波動」を安定させる秘訣です。どちらもあなたという同じ「人」が行き交うので、互いに影響し合っています。念のため、車、電車、飛行機など、壁で仕切られている移動式の「場所」にも「波動」があり、その6割の「人」が短時間影響し合います。乗り物のトラブルは乗車している「人」の「波動」で起きています。厳密には、その運営会社の「波動」の影響もあります。

また、「パワースポット」は「波動」を知らないと勘違いする呼び方です。古代紀元前から「波動場」「エネルギー場」「神聖な場所」は存在しました。しかし、それは刻一刻と変化してきましたので、世界の「パワースポット」や「神社」でも「波動」の高低はあります。

「人」のカルマ的なエゴの多い「場所」は「波動」が低いです。また、テロや戦争があった場所は、「波動」は劣悪化しています。歴史の事実と「人」の成してきたこと「結果」はその場所の「波動」に影響してまた次の「結果」を生みます。その後、観光地化された場合にも、やはりそこに存在する「人」に影響をします。残酷な歴史のあった場所の「波動」を上げることは並大抵ではありません。しかしながら、「波動」の高い「人」が6割以上存在すると、それもできる可能性があります。いずれは、**7チャクラが開花、トーラス体である「人」が「場所」と土地の「波動」を上げることが可能ではあります。しかし、通常はそこまではできませんので、まずは、自宅と会社の「場所」を整える、安定させることが先決です。**

「自分自身に全幅の信頼」を寄せる人たちが増えると、日本列島の「波動」は安定します。そうはできない？　**のはなぜなのかというと、魂を磨いていないからです。気づき、目覚め、魂が太陽のように輝いていると自分自身に信頼がもてます。**「何を信じるのか」というと、**「宇宙に繋がっている自分自身の魂を信頼する」**。それしかないと思います。「あるがままにいる」なんて達人しかできないことであり、簡単に「無」になれないから人は右往左往と感情に翻弄《ほんろう》されてしまいます。ここでも人生に悟っている「人」の存在の貴重さがあり、天地繋がって己を客観視できる霊格がある人たちは「波動」を上げることができる存在です。何ごとも、「日本の闇」の深さを知ると、気づき、目覚めた人達がエゴを極少にして、「人」「もの」「場所」を上げるだけ上げることが本当に必要な考え方なります。

日本列島各地に**愛と希望の「波動」が丁寧に広がると、**劣位の「波動」や恐れと不安のネガティブは「波動」が減ることになります。「劣位」の「波動」では人為的な事件自己や災害が起きる率があります。**魂のレベルが高いほど波動効果が高くなる事は「光の計画」**です。

地球の生命体の「波動」と、「人間の意識」が地球の磁場と銀河系に影響があることは知りましょう。壮大な宇宙的視点も知りながら、あなたの過ごす「場所」の「波動」を上げるための尽力は他者貢献となります。

あなたは日常生活でどのような行動の選択していますか？「波動」は、一般的には眼に見えないですが、お互いの心身の「波動」が上がりはじめると、その「場所」の「波動」は「自他共に幸せ」な結果となり、目に見えて誰にもわかります。

「地球でアセンションできる条件」として、「人」の「波動」を高次の振動エネルギーに合わせることが必要であるからこそ、今という瞬間の選択が大事です。

あなたが人生を変えていくために、ハイヤーセルフに繋がり続ける体験をするためには「波動」の理解が大事です。

例えば、愛と調和の人間関係を望むならあなたの意識に愛に満ちた「波動」があるからできることでしょう。他人に嫉妬と利己主義のエゴが働くのに、高次の意識と高「波動」にはなりにくいのが真理です。自分の未来の現実を変える鍵は、気づき、瞬間の選択、あなた自身の「波動」なのです。真の豊かさを受け取るためには、その「波動」がわかる「人」でいることです。すべての「もの」に「ありがとう」と言える存在が「波動」が高くなる魂ランクの高い「人」であり、「地球でアセンションできる条件」が叶います。

さて、具体的には、自宅と会社に「ネガティブ波動」を無くすことであり、見えない「波動」が現実の結果となることは理解できたことでしょう。

自宅と会社の徹底した「整理整頓」「不平不満を言わない」「ポジティブな場の挨拶」「無駄な物の削除」が本当の「備えあれば憂いなし」です。また、自然現象は森羅万

象のタイミングでありますが、宇宙は「波動」を「人」に教えてくれています。**何も起きていない無事な時にこそ、自宅、会社、自分自身の「波動」を整えて下さい。**

また、誰のせいにもせず、逃避もせず、誰のことも責めず、批判もしない、ただ「己のエゴが何か」と、内観、分析し、己の「スピリット」の磨きと自己向上していくという「人」でいることです。この己を内観し、分析することが、魂を磨き、自己向上することに繋がります。そのような「人」は「波動」が安定しています。その「**波動」が安定している「人」がその「場所」にいると、その「場所」が自宅でも会社でも「波動」が安定します。「波動」が安定すると、お金、健康、人間関係が安定**します。

これが「**シルバー理論**」の「**波動の法則**」です。この理解と実践の上、13次元の地球の高磁場に合わせるために、身体のエネルギー磁場をさらに高め、より「波動」を高く保つことができます。地球でアセンションできるためには、「高波動」に共振共鳴できる「波動」である「場所」があると、平安や幸福に繋がることでしょう。

☆第 7 章☆
言霊について

宇宙は音から生まれました。一人ひとりが美しい言葉の音を使っていくことから、お互いの心身の波動が上がりはじめ、その「人」の「場所」の「波動」は向上します。言葉の選び方によって家庭と職場の愛と調和が増えて、自分も同じ「場所」いるまわりの人達も光輝く人生を歩めることに繋がります。

この地球に「生きる喜び」を感じられる人達の笑顔がどんどん広がることは、土地の波動を高めるので、地球も自然も喜びます。

このように人生を円滑にするために、互いの**言葉は共振共鳴を起こすために大切**です。人間の悩みは、個人の**思考と言葉の選択方法**で解決できます。

現在、社会全体が多次元に別れています。あなたはどの次元に住みますか？　自分で決めるのは、言葉の音です。7チャクラが開く前の人間の言葉は言葉であり、「言霊《ことだま》」というのは、**言葉にエゴがない人の場合のことで、心と体と魂の三位一体《さんみいったい》ができていると言葉に魂があるので「言霊」**と呼べます。

私達の先祖の歴史や第二次世界大戦の悲劇は、現代社会において「3世代カルマ」として、幼少期に潜在的なダメージを受けた方々が、その心因の痛みや古い価値観の抑圧から解放されないと体を痛めたり、介護や認知症になる場合があります。日本人の老後の介護数が多いのは、戦争の影響が大いにあるでしょう。よって、「ニンチでしょう」「親が認知になったら困るよね〜」という低い音のセリフはあまりにも愛がなくて、恐らく、その言葉を発している方々こそ末路は厳しいだろう。

日本の精神の弱体化は、言葉の乱れを直すことからも取り組まねばなりません。これからの時代はあらゆる業界の改革に、「心眼」「意識」「波動」が高い人達の「言霊力」が必要です。私が「シルバーあさみの公式ブログ」を書くのは、その一助となるといいと考えて執筆しています。そして、「有料ブログ」は、具体的に「心眼」「意識」「波動」「言霊力」を増すレッスンブログともなっていて、人生に効果的です。

気づいた人達は、ポジティブな言葉を相手に使いましょう。ポジティブな言葉の選択をしていても、通じない時や心がポキッと折れてしまうような悪意ある態度をしてくる相手に腹を立ててしまうこともあるかもしれません。そのような時は、そのネガティブな感情を一度認め、その後、ポジティブな言葉を相手に投げかけるようにしましょう（実践）。この繰り返しを魂磨きの習慣にすると、あなたの人生に好転効果が表れて、家庭や職場の悩みや課題も円滑に解決できるようになります。そして先が見えなかったトンネルの向こうに、希望の光がまばゆく見えて、辛かった過去の体験さえも学びのためだったと愛しくなるでしょう。

物事をポジティブ捉え、言葉を整えて、問題点を解決することを幾度も繰り返すと、魂がランクアップして、言葉の音の「波動」が高くなります。あらゆる言動と行為には「因果の法則」があります。カルマから逃れることは決してできません。その代償は払わないと再び三度その影響が自分に悪現象として起きます。過去に（過去世に）撒いてしまった腐った種を抜きとり美しい種を蒔きましょう。この方法が、魂に精妙なエネルギーを起こしてカルマの鎖から解き放たれることが可能です。自分の否定的な思考やネガティブな負債は、幼少期の環境に象徴的に現実で起き続けました。その後、魂はレベルを向上するために（霊格向上のため）幾度も輪廻転生をします。眼の前の必然の出来事に対応する時には、言葉、行為を成長させなければカルマ的な悩みの呪縛から解き放たれません。よって、人生を好転させる方法とは、過去の起きた出来事に悔いるのではなく、**人生における一瞬一瞬の「今」こそが豊かな恩恵の結果に繋がると宇宙と自身を信頼して言動すること**です。

言葉には魂があります。誰かにうっかり言ってしまった言葉で1ケ月ほど時間を無駄にする場合もあるので丁寧に用心して言葉の音を発しましょう。**本格的に覚醒するまでは**過去にツケがない人はいませんから気づいたら悪しき種を刈り取りましょう。その**最大の有効な手段は「お詫び」と「有難う」**です。(※お詫びは「申し訳ありません」という言霊のこと)そして、「今日も無事でした。お蔭さまです。」と、声に出してから寝てください。朝起きたら「よかったね、ありがとう」です。簡単なことの繰り返しの習慣が言葉の音の「波動」を上げていきます。いずれ「ありがとう」が言霊になっていると、その自宅、会社、団体は、大変無事な土台を築けます。これは「地球でアセンションできる条件」です。

「言葉に霊がある」と認識して責任のある言葉を発することです。**宇宙は、人の言葉を一言もらさずアカシックレコードに録音していると考えてください。だから、あなたの目の前の現実はあなたの言葉が創りました。**

高い次元の「言霊」だけで会話ができたら人生がとても豊かになります。日常茶飯でこそ、言葉を美しく使用する訓練をしましょう。3ケ月後には事態が好転しています。そしてまた、ひとことひとこと丁寧に言動していくのならば、周りの方々も大事なことに気づき始めるのではないでしょうか。

私達は、家庭、会社、街、カフェ、電車内などあらゆる場所で瞬時に意識して言葉を選択しています。**どんな時でもポジティブな言葉の選択ができる人**は、その美しい言葉使いに宇宙から合格点が頂けて衣食住が美的に安定します。ほんのちょっと立ち止まって相手に気配りをしてみませんか。**出会いはあなたに誰もが宇宙の一部であることを教えてくれています。あなたは明日から自分が大地に咲く花のように、「生命の樹」のようにそこに存在することができるでしょう。**

＊思いやりや愛にあふれる言葉を投げかけると互いに心が通います。
＊相手に発する言葉と心の選択が自他共に幸せな人生を構築します。
＊インターネットで発する言葉も丁寧に相手のための美しい言葉にしていきましょう。

「挨拶」は禅語でもあり「阿吽《あうん》の呼吸」という意味もあります。「挨拶」すらできない人間が増えたので、日本人の精神性が欠落して悪しき種の要因となっています。「挨拶」が基本中の基本です。しかし、携帯のメールの頻度は多いのに、実際に出会えた人達とは「挨拶」しない人がとても増えています…。

家庭で教育されなかったのでしょうか。仮にそうだとしても会社で教育されるはずです。また自分で「生き方」として覚えるはずです。「挨拶」は禅語でもあり「相手と呼吸を合わせる」ことでもあります。**「個」の時代でもありますが、「個」と「個」が繋がるのは「挨拶」**でしょう。自分から元気に「挨拶」していきましょう。人間格、霊格でもあります。このまま「挨拶」しない人が増えると、日本列島の地場が弱ります。

言葉は「場所」や「土地」に影響しています。あなたの街、近所、マンションではいかがでしょうか。率先して「挨拶」運動していきませんか。**心の選択と言葉の大切さ。**魂を磨く「日々是好日」が、人生を安定させて豊かにします。心の選択と言葉の大切さ。言葉を整えていくことでご自身もまわりの方にも気づきが起こりはじめ、自分自身の生活の衣食住が心地良い時間を過ごせる環境を生み出せます。「言霊」が**生きとし生けるものすべてが繋がっている**ことを真に捉え、一人ひとりが今という瞬間に感じることや発するすべての「言霊」が、この日本列島の土地に影響があると知っていきましょう。「地球でアセンションできる条件」として覚えておくこととは、地球という惑星は「言葉の惑星」であるということです。
そして、日本は「言霊」の国です。

「言霊の法則」

●言葉が現実になる。悪しき音のネガティブを音に発しては絶対にならない
どんな人の言葉も現実化する
●マイナス言葉を発した時には、即座に「キャンセル」「言い直します」
「ごめんなさい」と音にすること
●「すみません」は波動が低い自我の強い言葉
失敗したら「申し訳ありません」がゼロ磁場の言霊である
●言葉を発することで劣位の波動を切り替えること
間違ったら訂正すること。「言い直します」と言うこと
●思考の境界線（言葉）
㈠人生がまだマイナスの人は言葉にエゴがある
顕在的に整えることから始めて直そう

⓪ゼロポイントの人は他者に言葉を与えて
受け取るエネルギーとして丁寧にしましょう
㊉人生がプラス磁場の人の言葉は、
「言霊」、他者を好転させる効果があるリーダとなる

●「ありがとう」の言葉にも3種類がある
波動を整えるには言霊、挨拶、ありがとうが鉄則
㊀人生がマイナスの人は、人間修行のための出来事や
厳しい相手に対して「ありがとう」
⓪ゼロポイントでは悩みがなく無事にすごせていること
「奇跡の現実」に「ありがとう」
㊉人生がプラス磁場の人は他者へ貢献ができるレベルの
「言霊」の効力に「ありがとう」

☆第 8 章☆

次元について

地球には「霊性進化」のために生まれてきたということを真に掌握している人は、高次元な存在です。高低で次元を解説すると、**高い次元は「愛と調和」の脳内思考の持ち主、低い次元とは「争いと不調和」**な脳内思考の持ち主の次元です。

「場所」にもありますが「第6章波動について」で解説したように、その「場所」にいる「人」に影響するので次元の影響もしかりです。自分の魂の成長のために「地球という惑星にきた」ということを自覚してください。

「地球でアセンションできる条件」は、地球が次元上昇しているので、その上に生息している人間が次元が高く、地球にグラウディングしていることです。否定的でネガティブで低い次元の人達は、闇や低次の事象と引き合ってしまいます。ポジティブで肯定的な次元の身体能力がある人達は、豊かな光の道を歩むことができます。

世界の過渡期において、次元が多次元に別れすぎていますので、光と闇が交差する世界で「**自分がここにいる」という中立中道を保つためには、「グラウディング」と「境界線」が必須**です（「第2章、第3章」参照）。

地球でアセンションできるために「アセンション率」を上げるためには、自己の次元度を知ることが早道です。

・【8次元の解説】

気づきの回数は増えているが、自己不信があるため金銭面と人間関係にやや詰まりがある、体面も将来に不安がある。人間修行がゼロにはなっていないので次元日を過ぎる度にトラブルが増える可能性があります。自分を責めないこと。**自分を責めると次元は上がらない**。やや自分中心の自己解釈が多いので他人を言葉で喜ばせることや「挨拶」「ありがとう」を増やしましょう。そうできると1次元上がります。「そんなことが何になるのか?」という人達は、次元が降下します。「次元は目に見えない」がその結果は眼に見えます。3現象®にトラブルが増えてしまいます。

・【9次元の解説】

気づき、目覚め始めています。ハイヤーセルフには繋がっていないのですが、「眼の前の現実」は「自分のために起きている」直感が起き始めています。自己解釈があるよりこの書籍を読んで、日常生活をシンプルにワクワク改善しましょう。

・【10次元の解説】

1日3回以上の気づきがあり、「必然性」に覚醒しました。「**境界線**」と「**グラウディング**」**作業を習得できることで、ハイヤーセルフに繋がる時間があります**。人間修行をゼロにするために実践力を上げることです。

・【11次元以上の解説】

11次元以上の人達は、目の前の出来事の「必然性」の答えを見つけられて、ステップアップしようと、より純粋により魂を磨こうとします。それが他者貢献であることも理解している次元です。よって、「ゼロポイント」の人達です。誰かに貢献せずして、「自他共に幸せ」はないと知っている次元です。悩みがゼロなので、「ミッション」の仕事をしたいと希望します。ここから上にあがるのは容易ではないので、「ゼロ磁場」の完全性をお勧めします。

・【地球の次元の解説】

地球は現在13次元です。13次元の人間は爽快《そうかい》、かつ「宇宙」「世界」「日本」「土地」と己の関係性の理解をして、日々、今に生きている魂ランクの次元です。アセンション率は「100パーセント」です。ただし、「1パーセント」でも落とすと、「99パーセント」ですから、なお一層、極める道を選びます。すると、天地人次元になっていきます。肉体を超えて次元上昇する瞬間も体験することがあります。地球で身体が「**次元上昇**」しながら「**今に生きる**」そして、「**己**」**を本質の魂に輝かせていくということ。**

「未来」とは「今」の積み重ねです。過去の「習慣」を変えることにより、身体の「次元」を上げていく、人生を好転させることが可能です。逆に言えば、古い思考による「習慣」変えないのならば、人生の好転ができないということです。「次元」が上がると比例して覚醒の「段階」を上げておく必要があります。

実際に、わずかにネガティブな話を聞きたい思考や、うわさ話等で盛り上がりたいというB層的な思考がある（低次元な層の意味）と、ネガティブな現象をもっている次元の人達が集まってくることになります。もちろん、その「場所」の「波動」も低くなり、悪現象が起きやすくなってしまうでしょう。顕在的な「場所の選択」と、どこの「場所」にいても、**今に集中すること、今を大事にする生き方が高次元な存在です。未来のことも思わない。過去を誰かに愚痴ることは決してないような高次元な存在になりましょう。**

今の時を大事に相手に語れること。今に集中することで、「ハイヤーセルフ」に繋がり、高次の情報が降りてくるレベルになります。これは、左脳と右脳のバランスが**大変良い状態**です。未来にも意識を飛ばさない。**今という瞬間に生きる徹底で地球で**

最高次元の存在のトーラス体になれる。頭上のクラウンチャクラが開いていることは**多次元に視界が広がる**、**意識が拡大する**。**過去でもなく未来でもなく今、今に打ち込んで生きるのみであると悟る次元の境地です**。

生き方に目覚めていないと、まだ訪れてもいない未来（将来）を不安に案じて、人は自殺することもあるだろう、過去の行為を懺悔して死する前に介護状態にもなることもあるだろう…。それだけ日本の精神が病んでいるという事実に、私達が「今に打ち込むこと」で悩みがゼロポイントとなり、7チャクラ全開花していることが「地球でアセンションできる条件」の肉体の基本です。それが365日24時間確認できている上で、より**肉体のエネルギー磁場を上げていく**こと。それぐらいでないと13次元に到達しません。

次元が低い人間と絡むのは、自分自身が次元が低いからです。これは間違いのない「次元の法則」です。そうはいっても、3次元社会の「リアル現場」に身を置く人間は、次元が低い人も存在する団体や会社もある訳ですから、適切な「境界線」があればあまり気にならない領域に精進します。誰かがとても気になるのは、**脳構造の一部の次元が相手と同じ低次元だから**です。

どの次元に住むのか？　どの次元に滞在するのか？　これからの時代は「次元」を意識せずして生活ができないぐらい世界は「次元」が13極以上に分かれています。

簡単にインターネットで繋がっているようですけど、「シルバーあさみの公式ブログ」を人生の岐路やナイスタイミングで発見できる次元の人達と、地球でアセンションが近づいてもこの書籍やブログの存在を全く知らない次元の人達がいるように、**「次元の法則」が働いていることを理解しておきましょう。**

顕在的にも潜在的にも「次元の高い人同士の意識」は、テレパシーで交流するようになっていきます。たまに、会社内でも隣近所でも「あのような低次元な人達と接したくない」という場合もあるかとは思いますが、それでも確実に眼の前にいて接触する人達は、「互いの反感や反発」という「次元の法則」で引き寄せが起きているので、家庭内でも互いの次元が一致して同じ空間で生活することになるのでしょう。「次元の法則」の理解を感覚的に高めることで「地球でアセンションができる条件が整っている人」と高次元のテレパシーで交流をすることになり、互いの無意識の一致によっても、地球上の「アセンションの人口」を決めていく集合無意識もあるようです。

あなたの「思考」や「意識」が「自他を受け入れる姿勢」を「保つ器」（人格）であると「自他」で「共鳴」が起き始めます。このような「共鳴」が「相手」に「影響」すれば、「相手」も急激に次元が上がって、「変化する可能性」があります。お互いの「次元」にも相互に影響します。

「瞬間瞬間」の「選択」で次元上昇していくためには、「ポジティブ」で「肯定的」な「選択」をする「力」に「明晰《めいせき》さ」が加わります。日々の「瞬間瞬間」の「意識の選択」を実践することは、「進化」する地球の新時代の「人生」へと新たに「バージョンアップ」できる「次元」の高い「人格」「霊格」となります。

「次元」が高くなると「現実」に喜びごとや豊かな出来事が自然と起き始めます。新たな「選択」の「機会」があるという「自由さ」と「気づき」や、「選択」した「場所」や「関係性」に「エネルギー」を流す「気力」が起き始めるでしょう。

「ハイヤーセルフ」（＝高次元の自己）である存在が「高次元」の宇宙の「調和」と繋がりながら、「人生の道」を「選ぶこと」を「選択すること」は楽に可能です。それはとても「ワクワクすること」であり、「新たな視点」や「インスピレーション」「ビジョン」「現実に活躍できる場所」を提供してくれることでしょう。要は「人間」というのは、地球上で「高い次元」と「低い次元」に別れていて、「次元」によって「光」と「闇」と、その「中間」も「存在」するということです。選択するのは各個人です。肉体の自己の2次元上のハイヤーセルフに繋がることは、**「霊性進化」の「現実」が「リアル」に「あなたの人生」に起きるということです。この地球が13次元に次元上昇している時に「個」肉体の全ての細胞、身体全てが13次元**ということは新時代の「地球でアセンションできる条件」です。次元の期日に扉が開き、高次元に上がれる人と上がれない人がいます。その都度《つど》、魂の進化が促されます。その「次元」の扉は眼に見えないので、「シルバーあさみの公式ブログ」で公表しています。次元日と人生スケジュールを合わせることもお勧めしています。

（※ヘルツと電磁波が次元を維持に関係している。インターネットはネガティブの飛ばし合い。テレビは3〜5次元、同じ次元の普通層がターゲットで低次元の番組を見ると**次元の低い画像は脳波に残るため危険である。何を見るのか、**どこにチャンネルを合わせるのかが次元の選択です。音、波長に敏感でいよう。高次元から低次元へ降下しないように、無用な電波を極力入れないこと。無料Wi-Fiは低次元につながるため、自分のWi-Fiを持って行くこと。不要なメールはごみ箱に入れる。そのごみ箱も定期的に削除すること。低次の情報は検索しないこと。このような工夫は常にするのもインターネット社会における次元の維持である）

「ミッションについて」
～「地球でアセンションできる条件」が整ったらぜひ読んでください～

「地球でアセンションできる条件」を読んで、「できることをしていくこと」で「日本の夜が明ける」（＝黄金の国になる）ことが「地球の計画」の実行編です。「地球に生まれてきた目的」があるからこそ「ゼロポイント」の霊格で存在できる霊格です。

●「地球の計画」に人類の意識改革や覚醒が遅れると、破壊的な社会現象や自然現象が起きると考えられます。

●地球は銀河系の高次の惑星となるために、「地球でアセンションできる条件」が整っている地球生命体が必要です。

●「あなたは地球に何のために生まれてきましたか」
あなたの魂はいろいろな惑星を経過して、輝く光の魂となれる地球を選びました。
この最高のクライマックスに地球にいるなんて、超エキサイティングなことです！
地球に来た目的には霊性進化、ミッション、社会貢献があり「個人の計画」です。

この世界は、宇宙があり、銀河系に「地球」があり、地球に生まれた目的がある魂が、日本に多く存在することも意味があり、あなたがその都道府県に存在しているのも必然性があります。

● 地球に目的をもって生まれて来た「魂の役割」とは

● **意識を次元高くしておくこと。（霊性進化）**

（解説）**「意識は現実になる」**ので、**意識が高い、ハイヤーな存在は「黄金の国」になるために役立っている。**ネガティブな人は、他人への波動効果がマイナスなので、**「悩みをゼロ」にすることが最低限必要**である。そして、**大地を耕し（＝生き方を整える）、ハイヤーな思考、ハイヤーな言動であること。**天地人をめざすこと。

「シルバーあさみの個人セッション」は「個人」のエゴ、カルマ、自己解釈、固定観念、ネガティブな思考、神経回路、先祖のライン、過去輪廻転生、惑星の経過、アセンション2回の失敗、闇の認識、統合作業をしていること。相手のレベルによって、内容は異なりますが、**「奇跡の現実」＝「悩みゼロ」（＝ゼロポイント）**になる。

各個人の人生が好転する成果は速攻的な期間に起き、定期的に受けることで人生に抜群の成果が得られる。**「魂の計画」とは、**肉体がある限り終わりはないです。「ゼロ磁場」から「プラス磁場」を目指すことは愛。

●**現実生活における他者に役立つ実現化をすること。（ミッション）**

（解説）誰から見ても明確に事実がわかる生きがいの実現化。ミッションはエゴがない方法ならば実現化する。

●**社会貢献**

（解説）働くことによる貢献、他者を元気にする、誰かの役に立つ草の根運動等で社会の課題を変えていくこと。

地球に「生まれてきた目的」がある魂が、現在、２０２０大ゴールを前に、(1)(2)(3)の一つもまだ実践していない状態だと、個人の悩みの現象が増える場合がある。何故なら、自分で決めてきた「青写真」があるからであり、「覚醒」すると思い出します。

●地球上の体験が霊性進化になることを自ら選んでいる。魂が体験するために生まれてきた。様々な次元レベルに人が分かれて存在するのは、その役割があるということ。「地球でアセンションできる条件」とは、毎日毎日の体験から学び、エゴを極少にして魂を磨き、身体の周波数や波動を上げていくこと。

●魂には霊性進化する真理があり次元上昇している地球を自らが選ぶ。地球は魂が磨ける惑星だからである。魂が曇っている人よりも、魂が磨かれている人のほうがその人物の「波動」「意識」「次元」が高いこと。人と人で成り立っている社会の中では「氣」が整っている人がいる方がその団体、会社、空間、仕事、学校において**「愛と調和」な存在である。**また会社や自宅の波動が整っている人間がいる地域は互いの意識が共鳴することにより自他共に良き現象が起きやすいことは確かな真理である。**その範囲が広がると都道府県→国→隣国→世界に「愛と調和」が増える**ことでしょう。これがシルバーあさみの**「天地論」の成果と効果である。心と体と整えて、社会に役立つ仕事し、学ぶ時は学び、霊性進化のため「天地論」の各法則を明確にわかると「個人の計画」は円滑に進むこと。**

●「地球に役割」がある人達が「シルバーあさみ」と出会う確率が高いということは、13年間の臨床体験で感じている「次元の法則」である。

●ライトワーカーのDNA（無意識）に「アセンションに抵抗する闇」が残っていると人生が難儀となる。無意識を自覚認知して実践すると光と闇の統合が可能。

●気づく↓エゴの認識↓エゴ消滅↓7チャクラが開花↓目覚める（初段階覚醒）⇓☆実践☆⇓悟る⇓覚醒（中段階覚醒）⇓次元上昇すること。

●「真のライトワーカーになること。」そのためには**「7チャクラが開花↓目覚める（初段階覚醒）」方法**は速攻的にできる秘訣があります。「個人の計画」（ミッション）に「地球の仕事」の契約がある人達は、**☆実践☆をしない限りは霊格向上も悟り道も次元上昇もできにくい**ことです。

☆実践☆が多人数によって起きると「黄金の国」になることでしょう。

「シルバーあさみの個人セッション」は、「地球でアセンションできる条件」を理解して日々実践した「悩みがゼロポイント」の方々にのみご提供をしています。

現在は、「シルバーあさみの有料ブログ」のご購読者の方々のみがご予約可能です。

ご興味ある方々はお問い合わせ下さい。

http:www.uprightoneness.com

おわりに
シルバーあさみからのメッセージ

私達は、何のために生きるのか？
何のために地球に生まれてきたのか？

地球でアセンションするということは、「自他共に幸せ」になることです。
「自分」という言葉も入っているので、自分が幸せになるためには、
目の前に見える光景や起きる出来事があなたの内側の現実だと知ることからです。

「**悩み**」は解決できる。
自分が悩み続ける理由は、見直さなくてならない原因があるからです。
原因を変えていくと、現実の結果が好転します。

あなたの人生を望む結果にするためには、
自分自身の思考や神経回路を軌道修正することで乗り越える力が生まれます。

お金、体、人間関係、パートナーシップ、プロジェクトチームに起きる課題など、
全ての出来事はあなたの潜在意識によって現実に起きています。
誰の責任でもなく、自分の意識で選んで決めた現実の結果です。

魂を磨く、ランクアップすることは宇宙の真理に合っています。

思考の原因に気づかず、顕在的な対応だけに頼っていると、
お金・体・人間関係、仕事のランクアップが行き詰ります。

それが、現在の、日本の解決しにくい様々な社会問題の課題に繋がっています。
顕在的な対応だけでは解決できない次元に突入していく「令和」が開始しました。

「眼の前のできごとは自分のために起きている」必然性に、気づき、相手から学び、魂を磨いていることに目覚めはじめると、目の前の現実や、金銭事情や、人間関係や、体の不調に関しても自他共に幸せに変えていけるという地球でアセンションできる秘訣です。

12年前に強烈な啓示、42日間の神秘体験がありました。

「地球が愛の星になります」

そのために

「地球に愛と光を伝道する使命です。
魂が輝くための方法を伝えなさい。」

これは、スピリチュアルではありません。リアルな現実です。

アセンションしていることや、プラスの人生になるためには、目に見えないものが、結果になるということを知って下さい。

次なるステージアップのためには、魂の無意識を探求するために、
「シルバーあさみの個人セッション」を受ける理由でありましょう。

精神と思考が合っていると、リアルな結果が出るという証明をします。
リアルに、結果を出すことでこの社会に貢献していくことが使命です。
これからの時代は、見えない意識、波動、次元が現実になるのです。
人生を豊かに暮らすために魂のランクアップ、霊格向上は必要です。

この美しい地球上に生まれてきて「霊性進化」の大きなイベントに参加中です。

最高に魂が磨ける地球上で、
「今の瞬間に生きる」ことで、豊かさを実現化することは無限の可能性です。
すべての人の意識は繋がり、連鎖して一人ひとりの波動に影響を及ぼします。
言葉には地球、世界、日本、地域や住んでいる街の波動を上げる力があります。

意識と言葉が持つ「無限の可能性」と共に日本人であることの重要性を伝えましょう。

地球を愛の星にする

1日の大切さと命の有り難さを多くの人達が深く思い知るでしょう。
生きとし生けるものすべてが繋がっていることを真に捉え、
1人ひとりが、今という瞬間に生きることや「ありがとう」と互いに
発するすべての言葉が、今この日本に影響があると知ってください。

気づいた人達から伝えていきませんか。「命ありがとう」
全ては地球の愛なのです。愛の心を伝え伝えてください。

日本人のスピリット（精神）が今後とても大きく世界に影響していきます。
悟り目覚め　生きる覚悟をすると　自分のまわりの人達にも日々感謝です。
御陰さま、ありがとう、と、手と手を合わせる意味を互いに分かち合えるでしょう。

愛と光で繋がり、全員で輪となり、地球の為に情熱的な行動をすることが大変重要な時期です。この地球上の体験の全てに「ありがとう」です。

２０２０年大ゴール「地球が愛の星」になるために、眼と眼を合わせて、お互いの魂の繋がりに真の信頼をして一つの眩《まぶ》しい光となりましょう。

「地球でアセンションできる条件」が整うことは、愛と光の連動となるでしょう。

皆様と共に愛と光の「自他共に幸せ」な世界を創り上げたいとここに願います。

シルバーあさみ
http://www.uprightoneness.com

著者プロフィール

シルバーあさみ

心眼コメンテーター、ベストセラー作家、ラジオDJ、女性起業家、天地人。株式会社アップライト代表取締役として、東京自由が丘に創業２０年。「シルバーあさみの公式ブログ」は１日５万人の読者が購読している大ヒットブログを更新中。

12年間50,000人以上が全国から個人セッションやセミナーを受講している大人気の理由は、実際に人生の悩みを即解決できる「シルバー理論」によって「悩みがゼロ」となる好転結果と、表裏の一切ない人間性と、美しい身体能力による「天地人」としての信頼が高い評価の結果です。

現在は、男女、業界とわず「自他共に幸せ」なミッションの実現化を個別に「天地論」で指導中です。また、アセンションリーダーとして、真のライトワーカーの指針となる公式ブログの執筆者として著名。

http://silverasami.com/

地球《ちきゅう》でアセンションできる条件《じょうけん》

2019年8月8日　初版第1刷発行
2019年8月22日　初版第2刷
著　者　シルバーあさみ
発行者　鎌田順雄
発行所　知道出版
〒101-0051 東京都千代田区神田神保町1-7-3 三光堂ビル4F
TEL 03-5282-3185　FAX 03-5282-3186
http://www.chido.co.jp
印　刷　モリモト印刷

ISBN978-4-88664-324-7